SV

W0230745

edition suhrkamp digital

Leere, Armut, Gewalt: Detroit gilt als die gefährlichste und traurigste
Großstadt der USA. Hunderttausende sind geflüchtet, geblieben sind allein die Verlierer. Doch nun ziehen junge, kreative Leute mit wenig Geld,
aber vielen Ideen ins Zentrum der Asphaltwüste, eröffnen Ateliers und
Cafés. Investoren und Stadtplaner schwärmen bereits: »Detroit wird das
Berlin der USA.« Katja Kullmann hat Detroit im Herbst 2011 besucht.
Mit obdachlosen Jazz-Musikern und Techno-Aktivisten sprach sie über
ihr Detroit – und über die brutalen Realitäten einer Gesellschaft, die ver-
zweifelt um ihre Mitte ringt.

Katja Kullmann, geboren 1970 in der Nähe von Frankfurt am Main, ist
Essayistin und Sachbuchautorin. 2011 erschien ihr vieldiskutiertes Buch
Echtleben. Warum es heute so kompliziert ist, eine Haltung zu haben, in
dem sie sich mit den prekären Erwerbsverhältnissen in der Kreativwirtschaft auseinandersetzt. Ihr erstes Buch, *Generation Ally. Warum es heute so kompliziert ist, eine Frau zu sein* (2002), wurde 2003 mit dem Deutschen Bücherpreis ausgezeichnet und in vier Sprachen übersetzt.

Katja Kullmann

Rasende Ruinen

Wie Detroit sich
neu erfindet

Suhrkamp

Fotos: © Katja Kullmann
Autorenfoto: © Patrick Ohligschläger

edition suhrkamp digital
Erste Auflage 2012
© Suhrkamp Verlag Berlin 2012
Originalausgabe
Umschlag gestaltet nach einem Konzept von
Willy Fleckhaus: Bureau Johannes Erler
Druck: Druckhaus Nomos, Sinzheim
Printed in Germany
ISBN 978-3-518-06218-0

1 2 3 4 5 6 – 17 16 15 14 13 12

Inhalt

Seit 25 Jahren verlassen: die Michigan Central Station, Detroits berühmteste Ruine.

Vorwort:
»Bloß kein Ruinen-Porno mehr!«

Detroit/Michigan gilt als die brutalste, schmutzigste, bemitleidenswerteste Großstadt der USA. »Shithole« wird sie von manchen Einheimischen genannt. Einst wurden hier überproportional viele Autos gebaut, heute werden hier überproportional viele Menschen erschossen. Jeder Dritte kommt ohne Lebensmittelmarken nicht über die Runden, etwa ebenso viele können angeblich nicht richtig lesen und schreiben; das Risiko, Opfer eines Gewaltverbrechens zu werden, soll hier bis zu fünfmal so hoch sein wie im Rest des Landes. Im Metropolen-Ranking des US-Wirtschaftsmagazins *Forbes* belegt Detroit regelmäßig einen Spitzenplatz unter den »miserabelsten Städten der Vereinigten Staaten« (so wie Düsseldorf es nach den *Forbes*-Kriterien immer wieder unter die »lebenswertesten Städte Europas« schafft).[1]

Ein Geflecht aus löchrigen Straßen, miesen Statistiken und urbanen Mythen: »There's no town like Motown«, sagen überzeugte Lokalpatrioten. Trotzig sprechen sie vom großen »D«. Andere Bewohner meinen, es gebe keine nördlicher gelegene Dritte-Welt-Siedlung auf dem Globus.[2] Manche Romantiker, vor allem Ortsfremde, verklären die Stadt zum Inkubator für aufregende Musik, die in einer Umgebung *natürlicher Rauheit* einfach am besten gedeihe (Motown-Soul, Funk, Iggy Pop, Techno, Eminem, die White Stripes). Wieder andere sehen in Detroit ein klares Indiz für den Untergang des kapitalistischen Abendlandes. Der verlassene Detroiter Hauptbahnhof, die imposante Michigan Central Station, durch die seit fast 25 Jahren kein Zug mehr pfeift, nur noch der Wind, ist ein beliebtes Fotomotiv für beide, sowohl für Trash-Nostalgiker als auch für Kulturpessimisten.

Diese Reportage erzählt von einer Reise ins Herz des Molochs. Von einem Besuch am auffälligsten Wundmal, das das Mutterland der geplatzten *Blasen* und *privatisierten Lebensrisiken* zu bieten hat. Es geht um die Stadt, auf die Amerika-Kritiker gern mit dem hämisch ausgestreckten Zeigefinger deuten – »Sieh an, wohin das alles führt!« – und die Amerika-Freunden Sorge bereitet.

Es geht aber auch um eine Stadt, die neuerdings einige Leute ins Schwärmen bringt und wieder ernsthaft auf die Zukunft hoffen lässt: »Detroit hat das Zeug, zum Berlin der USA zu werden«, sagt etwa Tony Goldman, CEO der Investmentfirma Goldman Properties (New York).³ Er ist einer derjenigen, die fest daran glauben, dass eine neue *Kreativwirtschaft* Detroit wird retten können, mit Galerien in alten Werkshallen, Cafés in früheren Schlachtereien, Komfort-Apartments in aufgemöbelten Ruinen und Software-Schmieden in allen Lagerhallen, die dann noch übrig sind. Eine neue *frontier* solle in Detroit erschlossen werden, sagen Player und Planer, ein neuer Horizont für »Kreative und Künstler« – und in einem deutschen Ohr klingt dabei unweigerlich der wowereitsche Slogan »arm, aber sexy« an.⁴ *Berlin* gilt manchen Investoren hier als Marke, ähnlich wie *Brooklyn*: als Chiffre für eine funkelnde Zukunft, als Beleg für die Thesen des amerikanischen Wirtschaftstheoretikers Richard Florida, der vor einem Jahrzehnt den Bestseller *Der Aufstieg der kreativen Klasse* geschrieben und eine Ära voller neu gestalteter, leistungsstarker *creative cities* skizziert hat.⁵

Und so ist Detroit gegenwärtig sowohl Skandal als auch *buzz* in den USA – ein altbekanntes Trümmerfeld, aber auch ein aufregendes Gerücht. »This place is hot«, heißt es, und tatsächlich tut sich nach Jahrzehnten der Agonie etwas: hier Fabrikhallen mit zerschlagenen Fenstern – dort Galerien mit Gästelisten. Hier streunende Hunde – dort Casino-Lights. Hier Crack-Heads mit Schaum vorm Mund – dort Crêpes-Kunden mit Puderzucker am Revers. Öffentliche Grundschulen werden geschlossen, Kunst am Bau wird gefördert, städtische Buslinien werden gekappt, Lofts mit bewachten Parkhäusern werden bezuschusst. Gewinner und Verlierer stecken ihre Lebensräume neu ab – unterdessen mieten ein paar unschuldige junge Leute günstige Werkräume, in denen sie hübsche und/oder ironische Objekte herstellen, was einige Kamerateams anlockt –, und vorerst scheint unklar, wer gerade wen wohin anzieht oder von wo vertreibt. Es gibt Stadtplaner, die bezeichnen das Detroit der Gegenwart als soziokulturelles »Zukunftsexperiment«. Man könnte auch sagen: Eine strauchelnde Gesellschaft ringt um einen Ort, der seine Mitte verloren hat – ganz wie sie selbst.

Die Reise hat im Herbst 2011 stattgefunden, also gerade eben erst, in einer Zeit, in der die Finanzmärkte Amok laufen und die Volkswirtschaften in sich zusammenzufallen scheinen; in der der Abstand zwischen Arm und Reich in den postindustriellen Gesellschaften wächst und die Sozialsysteme wanken; in der in Europa um die Gentrifizierung beliebter Großstädte gestritten wird und gleichzeitig die Zahl der *shrinking cities* steigt – und mit ihr die Zahl der rechtsfreien Räume (in den USA nennt man solche Gegenden »Gangland«, in Deutschland »national befreite Zonen«); in der eine weltweite Konkurrenz um Strukturwandel, Standort-Sexyness und urbane Images entbrannt ist (»Shanghai – China's hottest city«; »Newcastle – see change«; »Ruhr 2010 – Kulturhauptstadt Europas«); in der in Athen, der anderen abendländischen Metropole im Niedergang, Banken brennen und in Paris, London und Berlin trotz aller *Kreativität* immer mal wieder Mittelklassewagen in Flammen stehen; in der Wohlstand und Subprekariat sich auch in der Ersten Welt verstärkt räumlich konzentrieren und sichtbar werden, nicht nur im Wettbewerb *zwischen*, sondern auch *in* den Städten, weshalb manche Soziologen von einer »Brasilianisierung« der Verhältnisse sprechen.[6]

Vielleicht liegt das Geheimnis, die Antwort, der Schlüssel in Detroit begraben? In der Stadt, die womöglich gar nicht hinterherhinkt, sondern den anderen nur wieder ein paar Schritte voraus ist? Zwischen verrammelten Supermärkten, vergammelnden Kleine-Leute-Häuschen und übervollen Suppenküchen – oft nur zwanzig Minuten Autofahrt entfernt von den gut bewachten Wohlfühl-Arealen, den Rückzugsorten der gebildeten *happy few*? Vielleicht ist Detroit einfach ein Ort, an dem man das verwirrende Abstraktum »Gegenwart« in all seiner Härte besonders gut besichtigen kann, in typisch amerikanischem Format, ziemlich dick aufgetragen?

Lost in Detroit: Nirgends war ich, die Besucherin aus Übersee, je so sehr auf ein Auto angewiesen wie am weltberühmten

Ausfallstraßenort – an dem viele sich allerdings kein Auto leisten können und daher buchstäblich nicht vom Fleck kommen. Mein Plan war, die Gerüchte, Statistiken und Bilder mit der Wirklichkeit abzugleichen. Ich wollte mit vielen verschiedenen Menschen sprechen und erfahren, wie sie die scharfkantige Gegenwart erleben – *an diesem besonders schwierigen Ort* – am *ground zero* der amerikanischen Industriemoderne – am Tiefpunkt eines schmerzlichen Niedergangs – und womöglich gerade am Beginn eines großen Umbaus. (Eines Umbaus, der sich eben nicht nur in Detroit abspielt und der mit sehr viel mehr zu tun hat als nur mit ein paar neuen Design-Hotels.)

Ins Gespräch zu kommen war nicht immer ganz einfach. Zu viel geifernden Ruinen-Porno haben die Detroiter schon über sich ergehen lassen müssen.[7] Keiner hat es klarer ausgedrückt als Mike »Mad Mike« Banks, der Kopf des Techno-Polit-Aktivisten-Kollektivs Underground Resistance: »Wir haben es satt, dass Medienmenschen hier für drei Tage hereinrauschen, mit ihren Thesen schon im Kopf, dann schießen sie ein paar spektakuläre Fotos, hauen wieder ab und schreiben ihren Bullshit zusammen!«

Zugeben muss ich, dass ich zunächst etwas Angst vor der Reise hatte. Doch dann hat sich der Moloch, so viel sei vorweggenommen, als einer der menschlichsten Orte erwiesen, die ich bisher kennengelernt habe. Ich erwäge nun, dort eine Immobilie zu erwerben, ein Holzhäuschen mitten in der Stadt, mit vielleicht 110 Quadratmetern Wohnfläche, einer Veranda und einem kleinen Garten drum herum. So etwas gibt es in Detroit, der grimmigsten aller *creative cities*, derzeit schon für 5000 Dollar, Parkplatz inklusive.

»Wenn Du nach Detroit fährst, besorg Dir ein Hoody.«

Auf dem glänzenden Holzboden meiner mitteleuropäischen Mittelklasse-Wohnung liegt ein blauer Rollkoffer, aufgeklappt und leer. Der Kofferdeckel lehnt am Fuß meines Komfort-Betts. Oben auf dem Bett, auf den weißen Flauschdecken, die vertrauenerweckend nach Frühling duften, sind Kleidungsstücke ausgebreitet, auf wirre Art. Da wären: drei namenlose Jeanshosen, zwei reizlose BHs, sechs fade Langarm-Shirts, ein Karohemd in Größe L, fünf T-Shirts in Größe S und ein Parka unbestimmter Herkunft (eine Deutschlandfahne ist jedenfalls nicht draufgenäht); zwölf Knäuel Wollsocken, zwölf Damenslips, einmal Rei in der Tube; außerdem eine Gürteltasche für Geld, Kreditkarten und Papiere, die 17,99 Euro gekostet hat, das Preisschild hängt noch dran. Sie ist fleischfarben, aus wasserabweisendem Material gefertigt, mit Geheimfach-Garantie und Super-Safety-Reißverschlüssen, made in Germany. Schusssicher ist sie nicht. Schusssichere Gürteltaschen gibt es nicht, habe ich mir sagen lassen.

Vor dem Bett steht ein Paar Turnschuhe, weiß, mit dünnen roten Streifen und noch dünneren Sohlen. College-Look. Preppy Style. Golfschuh-Tradition. Streichelzartes First-Class-Leder, fein gelocht. Ich spiele kein Golf. Ich habe die Schuhe extra mal gekauft, zum Spaß. Jetzt stelle ich fest: Es sind die einzigen Turnschuhe, die ich besitze, und zufällig sind es komplett lächerliche Vollidioten-Sneakers. Sie sehen harmlos und teuer aus, das macht sie lebensgefährlich. Ich gebe ihnen einen Kick, und sie fliegen ein paar Meter durch mein *young-urban-professional-home*, dessen Miete deutlich über dem Hamburger Durchschnitt liegt.

Ich wohne in einer der begehrtesten Ecken der zweitgrößten Stadt Deutschlands, in einem aufreizend verwinkelten Viertel, das als eines der *kreativsten* der Stadt gilt. Hier herrscht *der Charme der kurzen Wege*. Dutzende Bars und Cafés gibt es, einen Radiosender, einen Comic-Verlag, zwei Magazin-Redaktionen und ein

Kino, Bäckereien, Blumenläden, einen Wochenmarkt, eine Bonbon-Manufaktur, Supermärkte in drei verschiedenen Preisklassen, zwei kleine Theater, drei Yoga-Studios, etliche Friseursalons und Kindertagesstätten, Asia-, Orient-, Fisch- und Schwaben-Restaurants, einen Plattenladen, drei Buchhandlungen, eine Handvoll Resterampen, vier Handy-Shops, das eine oder andere Designer-Lädchen, jede Menge Street Art und ein paar echt urige Änderungsschneidereien. »Es liegt so herrlich zentral, aber wenn man nicht will, muss man das Viertel gar nicht verlassen, man findet hier alles, was man braucht, in maximal zehn Minuten Fußweg«, sagen die Leute und loben das *Flair*. Jeder, wirklich jeder, der es, aus welchem Grund auch immer, nicht nach Berlin geschafft hat, will hier wohnen. Und auch überhaupt und ganz generell wollen heute alle und überall so wohnen: mitten in der Stadt, aber gemütlich.

Ein merkwürdiges Knurren rollt aus meiner Kehle, das hatte ich nicht vor. Ich stehe vor dem großen Spiegel in meinem Schlafzimmer und versuche, so fertig, verloren und gefährlich auszusehen, wie es mir aus dem Stand möglich ist. Wie macht man das noch mal: den Blick verfinstern?

Einen Kapuzenpulli habe ich übergezogen, schon mal zur Probe. Meinen Unterkiefer schiebe ich vor, auf motzige Art, meine Schultern lasse ich schwer hängen. »Wenn Du nach Detroit fährst, besorg Dir ein Hoody«, schreiben sie im Internet.[8] Es gibt eine Reihe von Portalen, auf denen herumreisende US-Bürger sich von ihren Erlebnissen an verschiedenen Orten der Welt erzählen, besonders gern von Erlebnissen in unterschiedlichen amerikanischen Städten. Amerikaner lieben bekanntlich Rankings aller Art, sie haben ja eine *Charts*-Kultur da drüben, eine *Top-Twenty*-Mentalität. Beim Ortsvergleichsportal virtualtourist.com las ich Folgendes: »Wenn Du weiß bist, egal ob privilegiert oder nicht, oder wenn Du eine Frau bist, bist Du in Detroit automatisch eine Zielscheibe. Wenn Du alleine ein Stück zu Fuß gehen musst, dann geh zügig und tu so, als seist Du *tough*. Wenn Du Dich von jemandem bedroht fühlst, spring auf die Straße und benimm Dich wie ein Irrer, laufe auf die Autos zu, rede mit Dir selbst, laut und verrückt, tu so, als seist Du völlig durchgeknallt.« Ein anderer User rät: »Vermeide es, in bestimmten Stadtteilen bestimmte Gang-Farben zu tragen.« Der Kapuzenpulli ist schwarz, auf seine Vorderseite aufgeflockt sind ein orangefarbener Basketball und die Aufschrift »Arroyo«. Das Hoody gehört mir nicht, es ist viel zu groß, jemand hat es mal in meiner Wohnung vergessen. Jetzt google ich »Arroyo AND Basketball« und finde heraus, dass Carlos Alberto Arroyo Bermudez ein puerto-ricanischer Basketball-Star ist, der derzeit bei den Boston Celtics unter Vertrag steht. Boston ist East Coast. Boston ist Preppy Style. Und so schreibe ich »1-2 Hoodies, NEUTRAL / H&M? C&A? + Turnschuhe!!!« auf meinen Einkaufszettel.

*

Motor City, *Shrinking City*, *Problem City*. Wenn man von der East Coast anreist, bildet Detroit das Eingangstor zum Mittleren Westen. Einst war die Stadt ein magnetischer Punkt auf der Karte des unternehmungslustigsten Landes der Erde, des Landes, in dem die Siedler und Pioniere von Generation zu Generation ihre Geschichten weitererzählen, und immer geht es in den Geschichten darum, etwas Neues zu erschließen – *in the pursuit of happiness*.

Hunderttausende zogen Anfang des 20. Jahrhunderts aus dem Süden der USA in den Norden, wo Stahl zum wichtigsten Konsum- und Kulturgut jener Tage verarbeitet wurde: dem Automobil. Es war die Ära, in der die Fließbänder bei Ford, Chrysler und General Motors heiß liefen, eine Zeit, in der ein fleißiger Mann seine Familie mit ganz unironischer Arbeit halbwegs sorglos durchbringen konnte. Der landwirtschaftlich geprägte Süden schien damals auf dem letzten Loch zu pfeifen. Viele waren auf der Flucht vor Rassismus und Verelendung. Nirgends waren die Fabriken größer als in Detroit. Als Schlüsselmoment des örtlichen Aufschwungs gilt der 5. Januar 1914, das Datum, an dem Henry Ford den Fünf-Dollar-pro-Tag-Standard in seinen Werken einführte. Kein Arbeiter sollte ab sofort weniger verdienen. Fünf Dollar am Tag, das war fast doppelt so viel, wie normalerweise in der Industrie gezahlt wurde. Auf heutige Kaufkraft-Verhältnisse umgerechnet, entspricht das 120 Dollar am Tag oder einem Jahreseinkommen von rund 40 000 Dollar – was annähernd dem derzeitigen Median der Haushaltseinkommen in den USA entspricht.[9] Es war eine kleine Lohnrevolution, die sich damals in Detroit zutrug. Wirtschaftshistoriker sprechen vom Startschuss des Fordismus und vom Beginn des amerikanischen Wohlfahrtskapitalismus.

Detroit galt nicht nur als attraktiver Hochlohnstandort, sondern auch als Herd der amerikanischen Gewerkschaftsbewegung, und für jeden, der ordentlich mitschaffte, gab es bald ein eigenes Auto und die Aussicht auf ein kleines Häuschen, *a family home* auf eigenem Grund und Boden. Vom exzessiven Straßenbau profitierten beide, sowohl die Konzerne als auch die entstehende *blue collar middle class*. Für die einen bedeuteten die Straßen eine indirekte staatliche Subvention ihrer Produkte, den anderen erleichterten sie den Zugang zu einem *American-Beauty*-Leben mit aufgeräumten Blumenbeeten und einem Sternenbanner im sauber parzellierten Vorgarten. Für eine ganze Weile funktionierte Detroit so als der Maschinenraum des amerikanischen Traums. Bloß dass beides hier ins Megalomane ausartete: das Ausmaß der Asphalttrassen, der Highways, Freeways, Interstates – und die damit einhergehende Zersiedelung in Hunderttausende, oft mickrig kleine, kreditfinanzierte Eigenheimparadiese. »Sprawl« nennen Soziologen diesen Prozess: Eine Stadt entkernt sich selbst und zerfleddert auf einer immer größeren Fläche in einzelne Nachbarschaften, *villages* und *suburbs* von unterschiedlichem Ruf. – Heute zählt die Stadt zum »Rust Belt«, zum »Rostgürtel« der USA. So nennt man inzwischen die von Arbeitslosigkeit und sozialen Verwerfungen geschlagene Industrieregion im Norden. Neben Detroit hat es auch Cleveland im Nachbarstaat Ohio getroffen, Pittsburgh in Pennsylvania, Baltimore in Maryland, St. Louis in Missouri und zahlreiche andere Heimatorte der alten Metallerei. Mehr als 320 000 Jobs sind in der Region allein in den nuller Jahren verloren gegangen. Die Arbeitslosenquote in jenem Landesteil liegt bei gut elf Prozent, also etwa drei Prozent über dem US-Mittel und etwa doppelt so hoch wie der deutsche Durchschnitt, vergleichbar den Raten in Sachsen-Anhalt oder Mecklenburg-Vorpommern, nur dass das Gebiet des Rust Belt ungleich größer ist als das der neuen Länder.[10]

Am Geburtsort des Fordismus schlägt der Post-Fordismus mit besonderer Härte zu: Im großen »D« betrug die Arbeitslosenquote im vergangenen Jahrzehnt zwischen 15 und 30 Prozent. Heute liegt sie in einigen Vierteln vermutlich bei 50, in manchen Blocks vielleicht auch bei 78 Prozent. Detroit ist eindeutig die größte und traurigste der Rostgürtel-Städte. Manche (vor allem Leute, die *nicht* in Detroit wohnen) empfinden einen lustvollen Grusel beim Anblick der zerfallenden Gebäude. Etliche Fotobände, schwere, dicke Kunstbücher, die in ausgewählten Art-Editionen erscheinen, zeigen die Ruinen von allen Seiten, von innen und außen, bei Regen und bei Sonne, in ästhetisierter Variante, auf teurem Papier.[11] Der Boom der Detroit-Ruinen-Foto-Alben begann in den nuller Jahren, dem Jahrzehnt, in dem die sogenannte »Krise« in die Nachrichten und Diskurse, die Köpfe und Herzen der Menschen einzog. Da die meisten dieser Bücher oft ebenso viel kosten, wie man aufbringen müsste, um sich zwei oder drei Wochen lang von McDonald's-Sparmenüs zu ernähren, gelangen sie vermutlich selten zu den unmittelbaren Anrainern der Ruinen. Stattdessen finden sie als Coffee Table Books in glücklicheren, Design-affinen Haushalten einen Platz, als dekorativ morbides Urban-Living-Accessoire und Ausweis einer ästhetisch-sozialkritischen Weltbildung. Viele Detroiter Bürger bieten inzwischen Touren zu Industrie-Wracks und ausgehöhlten Jugendstil-Perlen an, manchmal werden bis zu einhundert Dollar pro Führung und Fotosafari verlangt. Der »Ruins Guide« ist in Detroit ein eigenes Berufsbild geworden.

Das Faszinierendste an den Ruinen ist, dass sie dem Faktor Zeit ein solch plastisches Gesicht geben. Monumentale Industrieanlagen, breite Straßen, Parkplätze wie Sportfelder, Theaterpaläste, Kaufhauskathedralen und andere Monsterkomplexe: Detroit zeigt, wie die Menschen sich vor einhundert Jahren die Zukunft ausgemalt haben – *großartig*. Doch die Zukunft hat es sich leider anders überlegt. Die zunehmende Automatisierung, die Ölkrise der siebziger Jahre, der Übergang von einer unternehmergeführten Vor-Ort-Wirtschaft hin zum globalisierten Management und zu flexiblen Produktionsstätten überall in der Welt, nur nicht zu

Hause: All das (aber nicht nur das) hat Detroit fertiggemacht. Und während andernorts in den USA (und in anderen Ländern) längst neue Industrien entstehen und ganz neuartige Waren hergestellt werden, aus sauberen Materialien, manchmal sogar nur aus Bildschirmbefehlen, aus nichts, was man anfassen kann, während also schmalschultrige, blasse Menschen, die sich die Hände kaum einmal schmutzig machen, ihre neuzeitlichen Imperien gründen und großziehen – Google, Apple, Facebook –, regnet es im Rust Belt durch die überdimensionierten Flachdächer, stehen die Schlote nutzlos im Wind und stehen breitschultrige Männer davor, manche abgemagert, manche zugedröhnt. Keiner kam bisher auf eine überzeugende Idee, wie es weitergehen soll.

*

Die Leere sei das Schlimmste, heißt es in den Blogs und Büchern über Detroit. Die *city limits* umfassen eine Fläche von etwa 370 Quadratkilometern. Es gibt so viel Platz, dass die Bewohner von San Francisco, Boston und Manhattan alle zusammen nach Detroit passen würden, haben Stadtsoziologen ermittelt.[12] Doch mindestens ein Viertel der Fläche ist heute komplett verwaist, gilt als »urbane Prärie«. In manchen Gegenden haben Füchse und Waschbären das Regiment übernommen, ganze Straßenzüge wuchern unter Bäumen und Büschen zu. Nicht einmal ein Menschenleben ist es her, da wohnten knapp zwei Millionen Menschen in der Stadt. Heute sind es nur noch etwas über 700 000 Einwohner. Wer es sich leisten kann, zieht weg.

Eingesetzt hat die Abwanderung in den späten sechziger Jahren, immer wieder kommt es seither zu massiven Schüben. Allein zwischen 2000 und 2010 ist die Bevölkerungszahl noch einmal um 25 Prozent gesunken. Der Journalist und Filmemacher Michael Moore, der selbst aus der Region stammt, aus der nicht minder angeschlagenen Industriestadt Flint, und der angeblich mal eine Woche lang in einem General-Motors-Werk gearbeitet hat, bevor er mit der freien *Kreativwirtschaft* anfing, hat das leer gefegte Detroit einmal als »eine Landschaft wie von einem anderen Planeten«

beschrieben.[13] Moore wohnt heute in Traverse City, einer aufstrebenden Gemeinde im grünen Nordwesten von Michigan, am Ufer
des Lake Huron gelegen. Auch der blasse Rapper Eminem, der
im Film *8 Mile* (2002) von den sozialen Härten seiner Heimat erzählt, lebt jenseits der Stadtgrenzen, in einem deutlich behagliche-
ren Vorort. Und der weiße Pop-Soul-Sänger Mayer Hawthorne,
der sein jüngstes Album mit einem Foto eines Detroiter Wohn-
haus-Skeletts schmückt (Prinzip »Ruinen im Nebel«),[14] stammt
aus Ann Arbor, einer wohlhabenden Kleinstadt etwa sechzig Kilometer westlich von Detroit, die für ihr vorbildliches Schul- und
Universitätssystem gelobt wird. 82 Prozent der verbliebenen Bewohner Detroits zählen zu der Bevölkerungsgruppe, die man in
den USA heute als »African Americans« bezeichnet.

»White flight« nennen Einheimische den massenhaften Exodus
der gut und besser ausgebildeten Mittelklasse, »weiße Flucht«. Suk-
zessive haben die potentesten Steuerzahler nicht nur ihre Wohn-
sitze nach draußen verlegt, auch viele Unternehmen haben die (In-
nen-)Stadt verlassen und Geschäfte, Werke und Büros im Umland
eröffnet. Der große Rückzug begann mit der zweiten Welle der
»Great Black Migration«, zwischen 1940 und 1970, als weitere
sechs Millionen Menschen aus dem Süden in den Norden ström-
ten. Mehr und mehr hat sich die Metropolregion Detroit seither
geteilt, in zwei ziemlich unterschiedliche Lebenswelten. »Chocolate city and vanilla suburbs« war in den siebziger Jahren eine gängige Redewendung für dieses Phänomen.[15] Jenseits der *city limits*,
zum Beispiel im nördlich angrenzenden County Oakland, leben
überwiegend Menschen mit hellem, »kaukasischem« (*caucasian*)
Teint, bestätigen die einschlägigen Statistiken. Die Gebietseinheit
County kann man am ehesten mit einem deutschen Landkreis ver-
gleichen, zu Oakland gehören etwa die Gemeinden Birmingham,
Bloomfield Hills und Farmington Hills. Interessanterweise zählt
jenes »weiße« County direkt nördlich vom »schwarzen« Detroit
zu den reichsten in den Vereinigten Staaten. 3141 Countys gibt es
im ganzen Land – und im nationalen Vergleich der Haushaltseinkommen schafft es das County Oakland in Michigan immer mal
wieder unter die Top 30, also in das eine Prozent an der Spitze.

Es ist sogar das zweitreichste aller US-Countys mit mehr als einer Million Einwohnern. Nicht einmal eine halbe Stunde Fahrtzeit liegt zwischen den fußbodenbeheizten Zuckerbäckervillen von Bloomfield Hills und den dampfenden Gullis downtown. Oben, in den Hills, gibt es fantastische Schulen, schmiedeeiserne Straßenlaternen (die nachts auch wirklich leuchten) und kaltgepresstes Olivenöl in mehreren Dutzend Geschmacksnoten. Unten, in der Stadt, »gibt es nicht einen verdammten Laden, in dem eine Frau sich ein Paar Nylonstrümpfe kaufen kann!«.[16]

Zweimal kam es in Detroit zu größeren Aufständen gegen die Ungleichheit, die so über-auffällig mit der Hautfarbe korreliert: Im Sommer 1943, als der Wohnraum wegen der hohen Zuzugsraten kurzfristig knapp geworden war, brach eine Schlägerei zwischen weißen und schwarzen Jugendlichen im Belle-Isle-Park aus; die Gewalt eskalierte, Präsident Franklin D. Roosevelt schickte fünf Armeetrupps nach Detroit, 25 schwarze und neun weiße Menschen kamen ums Leben. Deutlich brutaler fielen die »Detroit Riots« im Sommer 1967 aus: Es fing damit an, dass die Polizei eine halblegale Kneipe an der 12th Street stürmte und dichtmachte. Um die achtzig Menschen, die meisten schwarz, hatten sich in der Bar versammelt, um die Heimkehr mehrerer Vietnam-Veteranen zu feiern. Das Lokal hatte keine volle Lizenz, und die Cops nahmen kurzerhand alle fest. Es war nur eine von vielen sehr ähnlich gelagerten Razzien – und in den Augen der Anwohner nichts als ein weiterer Beleg für offen ausgespielten behördlichen Rassismus. Unmittelbar nach dem Vorfall brachen Detroit-weit Randale aus, Geschäfte wurden geplündert, Häuser in Brand gesetzt. Gouverneur George W. Romney, der Vater von Mitt Romney, beorderte die Nationalgarde in die Stadt, Präsident Lyndon B. Johnson entsandte wiederum die Armee. Fünf Tage dauerten die Auseinandersetzungen, 43 Menschen starben, 467 wurden verletzt, mehr als 7000 inhaftiert, rund 2000 Häuser brannten nieder.

Viele sagen, nach den Riots sei es erst recht bergab gegangen mit Detroit. Auch Motown, das berühmte Soul-Musik-Label, das 1959 von Berry Gordy in einem kleinen Wohnhaus gegründet worden war (nicht weit von der 12th Street entfernt) und das

Musiker wie Marvin Gaye, Smokey Robinson und die Supremes weltberühmt gemacht hatte, zog ein paar Jahre nach den Unruhen weg – nach Los Angeles/Kalifornien.

Jetzt, ein halbes Jahrhundert später, munkelt man plötzlich, dass zwar weiterhin eine Menge Leute aus Detroit verschwinden – dass seit Kurzem aber auch ein paar ganz neue Bewohner in die Stadt kommen. Von einem Zuzug »frischen und jungen Blutes« wird berichtet.[17] 59 Prozent der »frischen« Bürger seien Leute »mit College-Abschluss unter 35«. Über ihre Teints erfährt man nichts.

*

Aus irgendeinem Grund habe ich die Reise immer wieder vor mir her geschoben. Aber am Montag, dem 8. August 2011, ist es endlich so weit: Ich buche einen Flug ins »Shithole«.

Keinen Tag länger will ich noch warten, denn in Großbritannien brennt es gerade – die London Riots sind los. Ich lese die Unruhen als Zeichen, dass ich auf der richtigen Fährte bin: Die Städte hören auf, *symbolisch* zu sein. Stattdessen entwickeln sie sich zu politischen Orten (zurück?), zu Arenen und Boxringen, Parlamenten und *Einflusssphären* – mitunter auch zu Schlachtfeldern.

Im Fernsehen rauchen Tottenham und Hackney, und bevor ich die Online-Buchung ganz abschließe, checke ich in einem zweiten Browserfenster – *nur zur Sicherheit* – ein letztes Mal die »Warnings or Dangers Detroit«: »Egal, was Du an positiven Dingen über Detroit liest, der Großteil der Stadt ist eine Kriegszone. Ich betrete die Stadt nicht mehr ohne Waffe«, schreibt ein »Willy Nelly«. Ein anderer, »Felony 4000«, meint: »Wenn Du in Detroit in eine zwielichtige Gegend gerätst, merkst Du es sofort. Dann sieh zu, dass Du so schnell wie möglich wegkommst. Wenn Du das nicht tust, wäre das in etwa so dumm, wie in die Armee einzutreten und dann überrascht zu sein, dass sie Dich in den Irak schicken.«

Ich klicke auf »Reiserücktrittsversicherung: nein« und beschließe: Was auch immer geschehen mag – ich werde auf der Seite von Detroit stehen.

Informelles Parkplatz-Business in Downtown Detroit, wo es kaum Einzelhandels-
geschäfte gibt.

»Detroit hat immer einen Song auf Lager.«

Hello, Motor City! Der Himmel ist grau, und es klingt und riecht wie auf einer Großbaustelle. Dutzende Kleinbusse mit Car-Rental-Logos ötteln ihre Auspuffgase in die Atmosphäre. Sie pendeln zwischen dem Flughafen-Terminal und den Fuhrparks der Mietwagen-Provider. Der Flughafen liegt etwa 30 Kilometer westlich von Detroit, eine Bahnverbindung gibt es nicht. Unmotorisiert kommt man von dem *Nicht-Ort* nicht weg.[18] Der Shuttle-Bus, in dessen Fahrgastschlange ich mich einreihe, ist ein verbeultes, schmutzig weißes Ding mit Schiebetür und Platz für zwölf Passagiere. »Hi, I'm Tracey, how are you?«, fragt die Fahrerin. Sie trägt eine dunkelblaue Uniform und lange Rastazöpfe, ist mitteldick und augenscheinlich bestens gelaunt. Mit einer Hand packt sie den Griff meines zwanzig Kilo schweren Rollkoffers und hievt das Stück in den Gepäckraum.

Mit mir setzen sich sieben weitere Menschen hinein: zwei weiße Geschäftsmänner Mitte, Ende dreißig, die missmutig auf ihren Cell Phones herumtippen, drei schwarze Männer Ende zwanzig, mit Lederjacken und aufwendigen Rasur-Frisuren und ein junges weißes Liebespaar mit albernen Haarreifen auf den Köpfen, Biene-Maja-Puschel im Partnerlook. »Okay guys, are you ready?«, ruft Tracey, nachdem sie sich auf ihren Fahrerinnensitz geworfen hat. Neben dem Lenkrad, am Armaturenbrett, hängt ein großes Schild, gut lesbar für jeden Fahrgast, der nach vorne auf die Straße blickt: »Hallo, ich bin Tracey und auf eure Tips angewiesen. Danke.«

Ein Tip-Job ist eine Tätigkeit, für die es entweder einen sehr kleinen oder keinen festen Lohn gibt. Die Arbeitskraft (es kann auch ein Mann sein) lebt hauptsächlich von den Trinkgeldern, die die Kundschaft ihr zusteckt. Niemand ist verpflichtet, sich erkenntlich zu zeigen, aber die meisten geben etwas, es ist eine Spielregel des *gesunden Menschenverstandes*. Das Erwerbsmodell ist weitverbreitet im amerikanischen Dienstleistungssektor, vor allem in der Gastronomie. Das Grundsalär, das beispielsweise ein Pizza-Kurier erhält, liegt in der Regel zwischen 2,50 und vier Dollar (zwischen 1,90 und drei Euro) pro Stunde. Etwa ebenso viel bekommt ein Bus-Girl (oder ein Bus-Boy).

Traceys Fröhlichkeit wirkt glaubhaft. Bei jedem Schlagloch kiekst das Liebespaar laut und lässt seine Puschel wackeln, woraufhin Tracey jedes Mal amüsiert mit ihren großen Händen aufs Lenkrad schlägt. Nachdem der Bus die Rental-Baracke erreicht hat, wuchtet sie die Gepäckstücke wieder nach draußen. Ich sehe, was die anderen ihr zustecken: jeder eine Dollarnote. Also gebe ich ihr dasselbe und rechne: Das macht acht Dollar Tip für diese Fahrt. Mit Wartezeit, Ein- und Ausladen, Hin- und Herfahren kann sie zwei Fahrten in der Stunde schaffen. Das wären 16 Dollar pro Stunde. Vorausgesetzt, es säßen immer acht Leute im Bus. Pi mal Daumen wird sie auf neunzig Dollar am Tag kommen, überschlage ich – auf ein Viertel weniger als das, was Henry Ford seinen Arbeitern vor hundert Jahren gezahlt hat.

Aber *so* kann man das vermutlich nicht rechnen. Traceys Arbeit ist keine *qualifizierte* Arbeit, theoretisch kann das jede(r), zumindest jede(r), der sich einen Führerschein leisten kann: einen kleinen Bus steuern und Koffer herumwuchten. Was Tracey von den alten fordschen Fließband-Malochern hauptsächlich unterscheidet, ist, dass heute alles von ihr selbst abhängt, von ihrem *Charakter* und ihrer *Persönlichkeit*, davon, dass die Leute ihre Rastazöpfe mögen und dass sie für gute Stimmung sorgt. Außerdem muss sie selber auf ihre Bandscheiben aufpassen, auf ihrer täglichen Rumpelstrecke, beim Ein- und Ausladen. Tracey ist weniger eine *Arbeit*nehmerin als eine *Unter*nehmerin, eine Entrepreneurin ihrer selbst, und dem Mietwagenunternehmen ist ihre Serviceleistung nicht viel wert. Auch ich habe ihr gerade so viel gegeben, wie ich sonst einem Straßenmusiker in den Hut werfe, wenn er zufällig ein Lied spielt, das mir gefällt.

Um Geld zu sparen, habe ich im Internet eine Blindbuchung vorgenommen, bei einem amerikanischen Best-Price-Portal. Nur einen Haken hat der Super-Spezial-Tarif: Man erfährt nicht, um welches Fabrikat es sich handelt, man sieht den Wagen erst, wenn man ihn abholt. Als ich dann vor ihm stehe, schäme ich mich, denn ich habe das lächerlichste Auto der Welt gemietet. Es ist metalliclila, eine Sportwagen-Karikatur, die aussieht wie von einem Kinderkarussell gefallen. Das Schlimmste: Es ist kein Ford, kein Chevi, kein Dodge – es ist: ein Hyundai.

»Haben Sie bitte ein anderes Auto für mich?«, frage ich den jungen Mann, der mir Schlüssel und Papiere hastig in die Hand gedrückt hat und mir nun die wichtigsten Funktionen des Wagens erklären will. »Nicht in dieser Preisklasse, nur in den beiden oberen Segmenten ist noch was frei.« Die oberen Segmente würden das Doppelte kosten, viel zu viel bei fast vier Wochen. »Ich dachte, es gibt hier amerikanische Autos!« Der junge Mann sieht mich verständnislos an. »Es ist ein ganz neuer Wagen, Ma'm, erst 6000 Meilen drauf, sehr zuverlässig, don't worry.« Er beugt sich hinein und ruckelt am Sitz herum.

»Aber ich kann doch nicht mit einem Asiaten durch Ford-Town fahren! Das ist geschmacklos und illoyal!«

Er scheint nicht mal im Ansatz zu verstehen, worauf ich hinauswill. »Es gab noch nie Beschwerden, der Wagen ist sehr einfach zu bedienen. Mein Name ist Paul, Sie können jederzeit unsere Service-Hotline anrufen.«

Ohne weiteren Widerspruch abzuwarten, pflanzt er das Navigationsgerät (das pro Woche vierzig Dollar extra kostet) auf das Armaturenbrett, startet den Automatik-Motor im »Park«-Modus und wünscht mir viel Glück.

*

Ich sitze also in einem mit neurotischer Hightech vollgestopften Spielzeugauto, das die Geschmacklosigkeit der Gegenwart perfekt verkörpert, und stelle mir vor, es sei ein Ford Mustang, Baujahr 1965, eierschalfarben, mit ein paar Schlammspritzern hie und da. Das Straßennetz von Detroit umfasst knapp 3200 Meilen, das entspricht etwa 5150 Kilometern. Man kann sich schlecht vorstellen, wie viel das ist. Eine gängige amerikanische Methode, die Besiedelungsdichte von Städten zu messen, ist der FSR-Index: *feet of street per resident*. Ermittelt wird dabei, wie viel freien Auslauf jeder Bürger hat, wie viel »Straße« auf ihn entfällt. In New York sind es 4,8 Fuß, 1,5 Meter je Bürger. In Detroit: 22 Fuß, 6,7 Meter Asphaltpiste für jeden.[19]

Das Navigationsdisplay zeigt lauter dicke gelbe Linien und Schleifen, alles Schnellstraßen und Stadtautobahnen, und je näher ich der City komme, desto verwirrender wird das Gekringel. Futurama: So hieß das Modell einer futuristischen Stadt, das der Autokonzern General Motors 1939 bei der Weltausstellung in New York präsentierte.[20] Futurama wurde von Aberhunderten von Meilen von Magic Motorways zusammengehalten, die Weltöffentlichkeit staunte. Ich verlasse mich auf die verschnupft klingende Frauenstimme des Navi und halte einfach den Fuß aufs Pedal. Mehr als 75 Meilen pro Stunde (120 km/h) darf man auf dem Highway nicht fahren. Viel schneller wäre auch nicht möglich mit diesem Witz von Personenkraftwagen. Der Straßenbelag ist so schlecht, das Holpern so heftig, dass ich das Lenkrad fest umfassen muss, um mich in der Spur zu halten.

Meine Unterkunft (ein nichtssagendes Ketten-Hotel mit günstigen Long-Stay-Raten) liegt downtown, im alten Business-Herz der Stadt, in dem sich bis heute einige Rudimente von Geschäftstätigkeit halten und das von den *gefährlichen* Gebieten das *ungefährlichste* sein soll, zumindest tagsüber. Fächerartig führen von hier alle Hauptverkehrsadern durch die Stadt nach außen. Direkt gegenüber dem Hotel steht das Renaissance Center, eine architektonische Katastrophe, die von Einheimischen »Ren Cen« genannt und mit fiesen Witzen bespöttelt wird. Es handelt sich um das größte und, neben dem verlassenen Bahnhof, um das vermutlich bekannteste Wahrzeichen der Stadt, einen monströsen Spiegelglaskomplex, der sich aus fünf Türmen zusammensetzt, 159 Meter hoch. In den frühen siebziger Jahren wurde es als städtebauliche Antwort auf die Detroit Riots errichtet. Der Begriff »Renaissance« ist dabei wörtlich zu nehmen: Das Gebäude sollte mit seinen Büros, Hotels und Shopping-Flächen die »Wiederauferstehung« der Stadt markieren. Einst von Ford mitfinanziert, residiert nun der Konkurrent General Motors im Ren Cen, und im obersten Stockwerk des Mittelturms gibt es ein Luxusrestaurant, das für seinen Panoramablick über die Stadt bekannt ist. Niemand in Detroit ist wirklich stolz auf den fünffachen Spiegelglasphallus. Er gilt vielmehr als hysterisches Symbol für die zahlreichen *Revitalisierungs*versuche, die die Stadt in den vergangenen vierzig Jahren über sich hat ergehen lassen müssen – alle mit verschiedenen Ansätzen, alle gescheitert.

Das Auto übergebe ich einem Hotelmitarbeiter, einem Car-Boy, wie es in amerikanischen Business-Landschaften üblich ist. »Valet Parking« nennt sich das feudale Modell. Ich traue mich nicht zu fragen, ob es sich bei diesem Service um einen Tip-Job handelt, und stecke dem Car-Boy vorsorglich einen Dollar zu, was offenbar angemessen ist, er bedankt sich routiniert. »Hübsches Auto«, sagt er. Ich drehe die Augen zum Himmel: »Es ist nicht meins!« Er lacht, schlägt die Tür zu und braust lila glitzernd davon.

*

Allen Warnungen zum Trotz folge ich meinen europäischen Instinkten – und versuche, meine nähere Umgebung erst einmal zu Fuß zu erschließen. Ich gehe ein Stück am Detroit River entlang, folge der zehnspurigen Jefferson Avenue nach Südwesten (am Straßenrand steht ein Schild: »Für Fußgänger verboten«).[21] Dann biege ich rechts ab. »Häuserschluchten«, breite Eingangsportale zu Steinkolossen, die so hoch sind, dass man ihre Stockwerke von unten nicht zählen kann, weil man irgendwo auf dem Weg nach oben die Übersicht verliert. Auffallend sauber kommt es mir vor. Eine austauschbare Checker-Gegend, ein gewöhnliches Geschäftemacher-Areal. Ich bin etwas enttäuscht. Aber da ist noch ein anderes Gefühl: Irgendetwas stimmt hier nicht. Die *Atmosphäre* ist seltsam.

Erst als ich ein paar Kilometer weit gegangen und durch die eine oder andere Querstraße spaziert bin, *begreife* ich, was ich aus Büchern ja längst wusste: Die Stadt ist leer. Es ist die Rush Hour, die Stunde des Feierabendverkehrs und der Schnelleinkäufe nach Büroschluss. Aber auf den Straßen ist so gut wie nichts los, und über die Bürgersteige huschen, wenn sich da überhaupt etwas bewegt, ein paar zerrissene Plastiktüten. Nicht einmal Schaufensterpuppen hinter Glas sind zu sehen, es gibt keine Geschäfte. Doch! Da, ungefähr siebzig Meter weiter: Zwei Menschen überqueren die Straße, auch zu Fuß! Und dort hinten: Noch zwei Menschen, sie scheinen sich zu unterhalten! Sonst nur Bürotürme, die, wie alle Bürotürme überall auf der Welt, äußerst unzugänglich wirken.

Im Financial District entdecke ich eine Eingangsstation zum People Mover. Das ist eine Hochbahn, die ohne Fahrer, computergesteuert, auf einer Trasse einmal um den inneren Business-Kern herumfährt. 75 Cent kostet eine Fahrt, 4,7 Kilometer ist der Rundkurs lang. 1987 wurde die Bahn eröffnet, als eine weitere ziemlich teure Revitalisierungsmaßnahme in Downtown Detroit. Im Wagen befindet sich kein einziger Fahrgast, unterwegs steigt ein Mann mit zwei Plastiktüten zu und nach drei Stationen wieder aus. Von Weitem sehe ich das neue Casino Hotel, Las-Vegas-Style. Auch am Cobo Convention Center geht es vorbei, in dem während der alljährlichen Automesse Fahrzeuge aus der ganzen Welt ausgestellt werden. An der Haltestelle Broadway steht, allein auf einer großen Wiese, ein achtstöckiges Gebäude, das in der Mitte auseinandergebrochen zu sein scheint; ein Schild erklärt: »For sale«. Ein paar Hundert Meter weiter bittet ein Graffito: »Say nice things about Detroit ♥«.

Nach einer Viertelstunde erreicht der Mover wieder die Ursprungsstation. Durch eine blutleere Kulisse hat er mich geschoben, durch eine Computer-Grafik in 3-D. Ich falte den Stadtplan auseinander, um zu überprüfen, wie viel ich jetzt schon gesehen habe. Es entspricht in etwa der Größe eines Daumennagels auf einem Saunatuch. Die Dämmerung setzt ein, und wenn ich nun an den Hochhäusern hinaufschaue, bemerke ich, dass man die meisten Fenster zugenagelt hat. Erst jetzt nehme ich auch wahr, dass viele Eingangsportale verrammelt sind, dauerhaft verklebt und unbeleuchtet. In der Ferne heult oder brüllt ein Mann, und der Abendwind pfeift nun ganz schön kühl um den Block.

Auf der anderen Straßenseite spielt sich menschliches Leben ab. Ich sehe einen schwarzen Mann und eine weiße Frau in bunter Aufmachung und gehe rüber. Die Frau mag 32 sein, vielleicht auch schon 49, ist sehr dünn und hat Haare wie aus Stroh. Ihre

Kulleraugen sind weit aufgerissen, ihr Mund zu einer Schnute verzogen. Sie trägt einen Hosenanzug aus Zebrafell mit kurzen Beinen und tänzelt ziemlich crazy übers Trottoir, es wirkt wie ein Schattenspiel oder wie etwas aus einem pädagogisch korrekten Kinderprogramm. Als ich näher komme, glotzt sie mich wild an und wischt mit ihren Händen um meinen Kopf herum. Der Typ im Hintergrund grinst. »Sie ist ein bisschen verrückt, kein Grund zur Sorge.« Im Gegensatz zu ihr wirkt er ziemlich normal, in seinem schwarzen Jackett, seinen dunkelblauen Chinos, den weißen Turnschuhen, mit der Sonnenbrille und der roten Baseball-Kappe, auf deren Stirn ein »D« eingestickt ist, »D« für Detroit Tigers, die örtliche Baseball-Mannschaft. Ich schätze ihn auf 55.

»Hi«, sagt er.

»Hi«, sage ich.

»Was geht ab? Wie war dein Tag?«

»Gerade erst angekommen. Bin müde, aber sehr gespannt auf die Stadt.«

»Eine Detroit-Touristin, soso. Du wirst dir bestimmt das Motown Museum ansehen, oder?«

»Soul – ja! Meine Lieblingsmusik.«

Locker kommen wir ins Plaudern, schnell steigen wir tiefer in die Materie ein und sprechen darüber, wie aus dem Blues über den Rhythm and Blues der Soul wurde, wie der Funk den Soul verändert hat, wie aus Funk Disco wurde und aus Disco schließlich House. »Jazz!«, sagt er, »du darfst den Jazz nicht vergessen. Übrigens: Ich heiße Tony Sky.« Wir geben uns die Hand, und er verrät, dass er selbst Musiker sei und »mit allen Großen« gespielt habe, mit James Brown, Sly & the Familiy Stone, den P-Funk All Stars.

»Wirklich? Das ist ja sensationell!«

Tony Sky dreht sich um, bückt sich und nimmt eine Posaune in die Hand, die die ganze Zeit hinter ihm auf dem Bürgersteig gelegen hat, neben zwei, drei undefinierbaren Bündeln. »Look at this«, sagt er, und ich sage »Wow!«. Aus seinem Jackett zieht er ein Smartphone, klappt das Display auf und tippt ungeduldig darauf herum. Es dauert eine Weile, bis es mit der Netzverbindung klappt, dann hält er mir stolz sein Facebook-Profil entgegen: »Über 500

Freunde!« Ich sage: »Okay, wir können uns vernetzen!« Ja, wenn die Verbindung besser sei, schlägt er vor. Ob ich eine Zigarette für ihn hätte, sein Päckchen sei leer.

Wir rauchen zusammen, und mir gefällt die Idee, dass ich mich gleich am ersten Tag mit einem Menschen unterhalte, der an einem nicht unwesentlichen Kapitel der Musikgeschichte mitgeschrieben hat. Mein Blick fällt auf die Bündel im Hintergrund. »Sind das deine Sachen?«

»Hm-hm. Detroit is a rough place, Darling.«

In welcher Gegend er wohne, frage ich ihn. Da lacht er trocken und schüttelt seinen Kopf. Und ich begreife, dass wir gerade in seinem Schlafzimmer stehen, sozusagen.

Er fragt, ob ich vielleicht einen Dollar übrig hätte. »Ja, natürlich.« Ich gebe ihm drei.

Die Frau macht sich wieder bemerkbar, mit seltsamen Geräuschen, ich fröstele leicht, und Tony Sky sagt: »Hey, zum Abschied schenke ich dir ein Lied. Detroit hat immer einen Song auf Lager. Was willst du hören?«

»Spiel, wozu du Lust hast, ich lasse mich überraschen.«

Er baut sich mit der Posaune auf, setzt das Mundstück an seine Lippen, blickt mir fest in die Augen und legt los. Es quietscht und pfeift. Erst denke ich an Free Jazz. In Wahrheit ist es aber wohl eher so: Er hat Mühe, einen geraden Ton herauszukriegen. Von einer Melodie ist auch nichts zu ahnen.

Während er die Posaune bearbeitet, unterhalten wir uns mit Blicken weiter. Mein Blick sagt: »Hey, du kannst ja überhaupt nicht spielen. Deine Geschichte ist von vorne bis hinten erfunden.« Sein Blick sagt: »Na und, aber die Geschichte ist gut, oder? Ich spiele dir den Funk-Soul-Brother, weil es das ist, was du haben wolltest, ein Original-Detroit-Erlebnis, oder etwa nicht?« Natürlich hat er Recht. Tony Sky ist ein *freier Kreativer*, ein *Entertainment-Entrepreneur* und Anekdoten-*Provider*, und er hat zielgruppengerecht geliefert.

»Ich würde die Stadt einfach mit 100 000 Künstlern
fluten.«

Mein Rücken schmerzt, mein Hinterteil ist platt gesessen. Ich
kann den Ort nicht zwingen, ein anderer zu sein, er ist so, wie er
ist, und so habe ich getan, was man in Detroit tun muss: Drei Tage lang bin ich erst einmal nur herumgefahren, jeweils acht, neun
Stunden lang.

Zuerst habe ich mir die Woodward Avenue vorgenommen. Sie
gilt als Hauptschlagader oder Rückgrat der Stadt. Vom Flussufer,
wo die Bürotürme und Tony Sky zu finden sind, führt sie knapp
22 Meilen (fast 35 Kilometer) nach Nordwesten – schnurgerade-
aus immer weiter durch die Stadt, bis sie irgendwann draußen in
Oakland Country, hinter dem Bloomfield Hills Country Club, in
eine Zufahrtsstraße zur Kleinstadt Pontiac übergeht.

Die Rückgrat-Metapher passt sehr gut, denn wie bei der
Hauptrückengräte einer Forelle kreuzen alle wichtigen Gräten beziehungsweise Straßen die Woodward Avenue. Von unten, vom
Wasser aus betrachtet, kommt erst eine Kreuzung zur Michigan
Avenue, später zum Grand Boulevard und zur McNichols Road,
schließlich zur 7 Mile und zur von Eminem berühmt gemachten
8 Mile Road. Alles, was sich bis dorthin abspielt, gilt als City of
Detroit. Hinter der 8 Mile Road beginnt Suburbia. 8 Mile bezeichnet die Distanz vom Sockel von Downton zum Stadtrand: 13 Kilometer.

Die Woodward Avenue hinauf- und hinabzufahren bedeutet,
Detroit in all seinen Aggregatzuständen und Lebenslagen kennenzulernen. Downtown beginnt es mit dem polizeibewachten Business-Kern. Neben dem Ren Cen und dem People Mover befinden
sich dort ein paar weitere geschmeidig langweilige Vorzeigeobjek-
te, etwa ein nach globalen Maßstäben standardisiertes Hard Rock
Cafe, außerdem das Fox Theatre aus dem Jahr 1928 und das Co-
mercia-Park-Stadion (in dem die Detroit Tigers zu Hause sind).
Werktags, zwischen 9 und 17 Uhr, ist es hier auch nicht ganz so

menschenverlassen, wie es mir an meinem ersten Tag nach 18 Uhr vorkam. Die Passanten sind hell- und dunkelhäutig, mit einem leichten Überhang ins Helle, so, wie man es sich für eine *normale* amerikanische Großstadt vorstellt.

Ein paar Kilometer weiter gelangt man in den Bezirk, der bis vor wenigen Jahren als inoffizieller Straßenstrich diente und bei den Anwohnern »Cass Corridor« hieß.[22] Nach einem Beschluss des City Council wurde die Gegend in »Midtown« umbenannt. (Midtown ist das Kerngebiet der neuen *Kreativ*-Entwicklung, wie sich noch zeigen wird.) Hier liegen mehrere moderne Kliniken, das Detroit Institute of Arts und der Campus der Wayne State University. Ziemlich grau wirkt die Gegend, aber einigermaßen intakt. Copy-Shops, Bücherläden oder Geschäfte mit witzigen Filzhütchen sucht man hier vergeblich. Eine Starbucks-Filiale gibt es allerdings. Das ist ziemlich ungewöhnlich für Detroit. In der ganzen Stadt unterhält das berühmte Ketten-Café nur drei Filialen. Zum Vergleich: In Düsseldorf sind es acht, in Manhattan über 50. Die Bushaltestellen sind in Midtown gut besucht, die Parkplätze häufig ausgebucht. Das Hautfarben-Splitting läuft auf 35 (weiß) zu 65 (schwarz) hinaus.

Wiederum eine Handvoll Kilometer weiter, spätestens wenn man unter der Brücke des Edsel Ford Freeway durchgefahren ist, wird es rauer. Die Gebäude sind in schlechterem Zustand. Vielen sieht man an, dass sie leer stehen, obwohl noch Reklameschilder an ihnen haften. Andere wirken notdürftig geflickt. Die Tankstellen- und Liquor-Store-Dichte nimmt zu, manche Fast-Food-Hähnchen-Bratereien haben größere Parkplätze als ein deutscher Kleinstadtbahnhof. Dazwischen machen sich immer mal wieder betonierte Plätze unklarer Bestimmung breit. Die Bebauung wird ab hier flacher, oft handelt es sich eher um Garagen oder Baracken als um »Häuser«. Andere als schwarze Gesichter sieht man hier kaum. Kurz vor der 8 Mile Road kommt links ein großer Friedhof. Rechts glitzert ein monumentaler Gun Shop mit silberner Fassade am Straßenrand.

Schließlich gelangt man langsam, aber sicher ins kleinstädtisch angelegte Vorort-Gebiet – und sieht auf den Bürgersteigen Blumenkörbe und Fahrradständer und plötzlich fast nur noch weiße Menschen. Je weiter man dann noch fährt, desto sauberer die Autos, desto höher die Hecken, desto prächtiger die Villen dahinter.

Richtig interessant wird es, wenn man innerhalb der Acht-Meilen-Zone rechts oder links von der Woodward abbiegt. Dann kommen schnell die berühmten Bilder: verlassene, halb verrottete Wohnhäuser. 60 000 sollen es stadtweit sein. Manchen sieht man an, dass die Bewohner noch gar nicht lange weg sind. Fenster und Türen sind solide vernagelt, das Gras hat die Veranda zwar erreicht, aber die umstehenden Bäume haben mit ihren Ästen noch keine Löcher ins Dach gedrückt. Andere Häuser stehen unzweifelhaft schon länger leer. Bei einigen fehlen Türen und Fenster. Von manchen Gebäuden sind nur verkohlte Reste übrig geblieben. Zur Devil's Night in der Nacht vor Halloween ist das ein beliebter Sport in Detroit: verwaiste Holzhäuschen abzufackeln.[23] Immer wieder sieht man: nichts. Wo früher Häuser standen, breiten sich wilde Wiesen aus. Wie Zahnlücken in einem Gebiss klaffen die Brachflächen in den einst belebten Straßenzügen.

Durch meinen ersten Geister-Block bin ich noch im Schritttempo geschlichen, in meiner rollenden Rüstung aus Metall und Plexiglas, mit einer Mischung aus Irritation und Andacht, Furcht und Faszination, mit einem irgendwie *heiligen* Respekt und einer angespannten *Wachsamkeit*. Je mehr verlassene Winkel ich mir angesehen hatte, desto stärker wurde der Eindruck: Die verlassenen Gegenden sind gar nicht sonderlich *gefährlich*. Es ist ja kaum jemand da, der einem etwas *tun* könnte. Und abgesehen von den Brandruinen der Devil's Night, die hier und da mal auftauchen, hat auch niemand den Gebäuden Gewalt angetan. Die Leute haben einfach ihre Sachen gepackt, die Häuser hinter sich gelassen, und niemand anderes wollte dort mehr einziehen. Es mag traurig sein. Aber es ist nicht *kriminell*.

*

»Ich würde die Stadt einfach mit 100 000 Künstlern aus aller Welt fluten«, sagt Tony Goldman, Immobilien-Investor aus New York.

Als »master activator« bezeichnen ihn amerikanische Medien.[24] Goldman wird nachgesagt, er habe SoHo und die Upper West Side in Manhattan zu dem gemacht, was sie heute sind. (»Seit über vierzig Jahren suche und finde ich hübsche Skelette und bringe sie zurück ins Leben.«) Auch das ehemals »schäbige« South Beach in Miami/Florida habe er zu einer »amerikanischen Riviera« umgestaltet, und zwar indem er dort »in 18 Monaten 18 Gebäude gekauft« und saniert habe. »An all diesen Orten hat er erste Setzlinge einer kultivierten Gemeinschaft eingepflanzt und hochgezogen. Seine Waffen sind Kunst und gute Restaurants.«[25]

Im Mai 2011 hat Goldman Detroit besucht. Zum ersten Mal. Für drei Tage. Während jenes Besuchs hat er mit Bürgermeister Dave Bing gesprochen, mit mehreren Stadtplanern und Verwaltern privater Stiftungsgelder. Anschließend gab er eine Reihe von Interviews, in denen er Detroit mit dem Nachwende-Berlin verglich. »Detroit kann die Hauptstadt der Avantgarde werden, zu einer Stadt, wie sie es nirgends sonst in den USA gibt. Die Bedingungen hier sind so schlecht, dass die Möglichkeiten großartig sind.«[26]

»Berlin wurde von den Alliierten im Zweiten Weltkrieg in Grund und Boden gebombt. Heute ist es ein Wunder kosmopolitischer Energie«, schrieb fast zeitgleich der amerikanische Sachbuchautor John Gallagher – und befand: »Keine andere Stadt in den USA bietet eine so große Leinwand für neues Denken wie Detroit.«[27]

Auch Johnny Knoxville, der Erfinder der MTV-Stunt-Serie *Jackass*, gehört zu denjenigen, die die Saga von Detroit als kommendem Hip Place forterzählen. 2010 hat Knoxville (der aus Tennessee stammt) eine TV-Dokumentation über Detroit gedreht, Titel: *Detroit Lives*. Ein örtlicher Künstler sagt darin: »Hört auf, die Ruinen zu filmen, schaut euch lieber an, wo die Leute tatsächlich herumhängen: in hippen Clubs.«

Immer wieder habe ich das Auto irgendwo am Straßenrand abgestellt und bin ein Stück gelaufen. Allen Hipness-Prognosen zum Trotz ist mir zunächst aber kein hipper Ort ins Blickfeld gesprungen. Wenn ich den einen oder anderen Avantgardisten traf, dann war es einer vom Schlage Tony Skys. Einige lagen schnarchend in

Hauseingängen. Andere hauten mich, ich kannte es ja schon, um Geld oder Kippen an. (In manchen Reiseempfehlungen steht, man solle ihnen nichts geben, man handele sich nur Ärger ein. Es klingt so ähnlich wie »Tauben füttern verboten«. Selbstverständlich habe ich diesen widerlichen Hinweis missachtet.) Dann waren da noch Menschen mit viel zu dünnen oder viel zu vielen Kleidern am Körper, die mit sich selbst zu reden schienen und vermutlich gerade auf einem Crack-Trip ritten. Kinder sah ich kaum. Ganz überwiegend waren es Männer. Männer, die wie rausgekegelt im Rinnstein saßen oder auch mal, genau wie im Internet beschrieben, in Grüppchen zusammenstanden. Gangster kommt von Gang. Keine Ahnung, ob es echte Verbrecher waren, denen ich da begegnet bin. Ich weiß nur, dass es am nördlichen Rand der City, die 8 Mile hinab und dann irgendwo linker Hand, und vor allem an der East Side, bei Mack und Mt. Elliott, mehr Grüppchen waren als in anderen Vierteln. Meist handelte es sich um drei bis sieben Typen, die rund um ein, zwei Autos standen. *Baggy trousers*, Baseball-Caps. Keine speziellen Zeichen, keine »Farben« konnte ich ausmachen, die einen Hinweis darauf gaben, ob es sich um organisierte Banden handelte oder um ein paar Zufallskumpels aus der Nachbarschaft. Sicher sagen kann ich nur, dass es junge Männer waren, zwischen 17 und 27, und dass sie ein Faible für Hunde hatten. Eine bestimmte Sorte Bulldogen war es, eine Art hochgetunter Mops, mit dickem Schädel, aber gedrungenem Körper, viel breiter und quadratischer, als ein europäischer Pitbull gebaut ist, mit altroséfarbenem Fell und unendlich müden Augen. Später erfuhr ich, dass so mancher junge Mann sein Leben mit Dog Fights finanziert.

Einmal habe ich das Auto absichtlich extrem verlangsamt. Etwa fünfzig Meter vor mir stand am Straßenrand wieder so ein Hunde-Grüppchen, und ich wollte wissen, was passiert, wenn eine weiße Frau mit einem *girlie car* durch diese Zone rollt. Gibt es den umgekehrten Ad-hoc-Rassismus tatsächlich, von dem sie im Internet schreiben? Ist das jetzt der Irak? Ich fuhr so langsam, dass ich jeden einzelnen Typen ganz genau betrachten konnte. Wenn sie sich vorher unterhalten hatten (was ich nicht mit Sicherheit sagen kann), so hatten sie ihr Gespräch nun unterbrochen. Fünf junge Männer starrten in das Auto, ohne dass sich erkennbare Regungen auf ihren Gesichtern abzeichneten. Genauso unentschieden glotzte ich zurück. Sonst war nichts. Nicht mal die Hunde haben gebellt. Später habe ich es, an einer anderen Stelle, noch einmal versucht, sogar zu Fuß. Aber auch dort hat man nicht auf mich geschossen. Wenn man sich die Mordstatistiken genauer ansieht, stellt man fest: Erschossen werden überwiegend Schwarze. Meist geschieht es bei Auseinandersetzungen im Drogengeschäft, innerhalb einzelner *neighborhoods*. Oder bei einem Polizeieinsatz ist mal wieder etwas schiefgegangen.

Frauen bin ich vor allem in und rund um die Liquor Stores begegnet. Ein Liquor Store hat meist die Größe eines kleinen Supermarkts. Dort gibt es Utensilien für den täglichen Bedarf, Tampons, Batterien, Kerzen. Vor allem gibt es Lebensmittel in allerlei Plastikverschalungen, *cheap processed food* in allen Spielarten. Alkohol und Zigaretten lagern hinter der Theke, die in 98 Prozent der Fälle vergittert ist. Nur eine kleine Öffnung bleibt frei, um das Bezahlen abzuwickeln. Über den Eingängen zu fast allen Liquor Stores steht: »Wir akzeptieren Lebensmittelmarken.« Tagsüber sind die Läden voll mit jungen Müttern, die sich unterhalten, lachen oder zetern und einer bleichen *middle-class-bitch* (wie mir) durchaus mal einen Blick zuwerfen, der sagt: »Hast dich wohl verlaufen, Cinderella?«

Wann immer ich in einem Liquor Store etwas besorgte (Zigaretten natürlich und Wasser für unterwegs), wollten die Stammkundinnen mich an der Kasse vorlassen. Es bedurfte oft einiger Gesten und Worte, um klarzustellen, dass ich es nicht eilig hatte. Fast jedes Mal wurde ich daraufhin gefragt, wo ich denn herkäme. Sobald ich das Übliche erklärt hatte – aus Deutschland, mal Detroit anschauen –, sollte ich sagen, wie ich es finde. »I like Detroit«, sagte ich dann, und, um es etwas persönlicher zu machen: »I like the people.« Worauf meist der gesamte Liquor Store in Gelächter ausbrach, als hätte ich einen echt abgekochten Witz gemacht. Das Lustige war: Je öfter ich diesen Spruch sagte: »I like Detroit, I like the people«, desto wahrer wurde er. Der Wert »Solidarität« wird in den Liquor-Store-Nachbarschaften hoch gehandelt. Einmal zwickte eine ältere Dame, die kaum noch Zähne hatte, mich in die Wange: »You're a good girl.« Und so setzte nach der ersten Woche etwas ein, das ich »verhaltenes Drinsein« nennen würde. Der Wirrwarr erwies sich wider Erwarten als übersichtlich. Ein *Gefühl* für die Stadt stellte sich ein.

*

Gegenüber meinem Stamm-Liquor-Store (beim zweiten Besuch hieß es: »Ah, it's you again«) betreibt Brad Hales seinen Laden: People's Records. Brad ist 37 Jahre alt, ein freundlicher Mann mit rotblonden Koteletten und Nickelbrille, und handelt mit gebrauchten Schallplatten, vor allem mit *fourtyfives*, kleinen Scheiben, die mit 45 Umdrehungen in der Minute laufen. Weltweit gibt es eine große Sammlergemeinde für den Rohstoff Musik in seiner traditionellen Form, auf Vinyl gepresst, und da Detroit nun einmal die Heimatstadt des prägenden Motown-Sounds ist, wenden sich vor allem Soul-Fans an Brad. Für seltene Stücke zahlen sie, je nach Zustand, mal acht, mal 35 Dollar, besonders Verrückte legen auch ein paar Hundert oder Tausend hin. Europäische Händler fahren an Orte wie Brads Plattenladen, um sich günstig mit rarer Ware einzudecken, und verkaufen die Sachen zu Hause oft für das Doppelt und Dreifache. Seit 2003 ist Brad im Geschäft. Manchmal geht es ihm auf den Geist, dass die Europäer seine Sachen mit Zuschlägen weiterverscherbeln. Gelegentlich bietet er besondere Perlen jetzt selbst im Internet an und holt die Gewinne heim nach Detroit.

Erst vor wenigen Wochen ist People's Records umgezogen, in den Midtown-Distrikt an der Woodward. Es ist der zweite Umzug innerhalb kurzer Zeit. Beim ersten Laden war die Miete plötzlich extrem gestiegen, »aus unerklärlichen Gründen, es war keine tolle Gegend«, wie Brad sagt. In den zweiten Laden ist zu oft eingebrochen worden, »auch keine tolle Gegend«. Jetzt residiert er mit seinen Schätzen nicht weit vom Uni-Campus entfernt, vor allem: direkt neben einem der wichtigsten Live-Musik-Clubs der Stadt, dem Magic Stick. Über zwei Stockwerke verteilt lagern die Scheiben, alphabetisch ist hier fast nichts geordnet, höchstens das

Segment Jazz-LPs. Die Kundschaft scheint es nicht zu stören. Der Name People's Records hat sich weit herumgesprochen. Gerade erst sei ein Pärchen aus Japan da gewesen. Und drei Engländer natürlich. »Engländer kommen ständig. Vielleicht bist du schon welchen im Motown Museum begegnet?«

Still blättern drei, vier junge Männer in verschiedenen Ecken durchs Vinyl. Brad empfiehlt mir das Regal »Sixties Soul«. Das füllt eine ganze Wand, hat acht Etagen, auf jeder Etage sieben Boxen à ungefähr 200 Platten, was auf rund 11 000 Scheiben hinausläuft. Ich sage: »Oh …« Daraufhin deutet Brad auf zwei Kartons, die am Boden stehen, übervoll, die Singles liegen ohne Hüllen darin, kreuz und quer, teils waagerecht aufeinander. »Wenn du direkt an der Quelle wühlen willst, dann nimm dir die hier vor. Gerade erst reingekommen, ich habe selbst noch nichts davon gesehen. Wenn du etwas findest, mache ich dir einen Spezialpreis.« Die unsortierten Platten sind extrem schmutzig, manche verbogen, an einigen kleben Erdbrocken oder grünliche Krusten, aber ich weiß, wie man mitgenommenes Vinyl reinigen kann. Nach anderthalb Stunden archäologischer Grundlagenarbeit komme ich auf einen Stapel von 21 Singles. Ein paar gesuchte Stücke sind darunter, und wir einigen uns auf hundert Dollar, was wirklich ein fairer Gesamtpreis ist. Ich will ihm einen ausgeben, wir verabreden uns auf ein Glas Cola nach Ladenschluss.

Außen an der Hauswand hängt ein gelbes Schild: »We buy 45s. (wanted) Detroit Labels«. Während Brad drinnen die letzten Kunden bedient und den Computer herunterfährt, rauche ich vor der Tür eine Zigarette. Ein schlaksiger weißer junger Mann kommt mit einer Tüte heraus, ich tippe auf den Typus Skater. Dann ein kräftiger schwarzer Junge, er mag 14 oder 15 sein, mit einem ordentlichen Stapel LPs in den Armen. Sein rechtes Augenlid hängt, sein Mund ist schief, und er scheint einen Klumpfuß zu haben, jedenfalls geht er langsam und hinkt. Aber er strahlt.

»Hast du auch was gekauft?«, fragt er.

»Ein paar alte Motown-Singles«, sage ich, »und du?«

»Ich hab mir ein paar Gospel-LPs aus einer Cheapo-Kiste geholt.« Stolz hält er mir den Stapel entgegen.

»Gospel? Glaubst du an Gott?«

Er lacht, es klingt wie ein Schnarchen, aus seinem wehen Auge tropft eine Flüssigkeit. »Na ja, ich bete schon, ab und zu. Und ich bin auf eine Idee gekommen: Man müsste ein paar Gospel-Samples nehmen und sie in Hip-Hop einbauen. Das hat noch keiner gemacht: Gospel-Hip-Hop!«

»Klingt interessant«, sage ich.

»Ja!« Er schnieft. »Ich hab ein Heimstudio. Mein großer Bruder hat einen Computer, und manchmal lässt er mich ran, nachts, wenn er schläft oder unterwegs ist.«

»Na dann: viel Erfolg! Vielleicht wirst du ja berühmt!« Er lacht oder schnarcht wieder, »Ja, Mann«, und humpelt strahlend davon.

»Es ist auch eine Art Integrationsarbeit, die ich hier leiste«, sagt Brad, als wir nebenan im Café des Magic Stick sitzen. Auf den Tischen und auf der Theke liegen Flyer für Indie-Rock-Konzerte, außer uns sind drei, vier Leute im Café, mit Band-T-Shirts und/ oder modisch schludrigen Garagen-Punk-Frisuren. »›Integration‹ ist ein doofes Wort, ich mag es nicht, aber so kann man es vielleicht am besten beschreiben. Ich beziehe die Leute mit ein«, sagt Brad.

Wir reden gerade über die Armut in der Stadt und darüber, dass der Großteil der alten Schallplatten von weißen Mittelschichtmenschen gekauft wird, obwohl es doch eine schwarze Musik ist, die zwar viel vom universellen Thema Liebe erzählt, aber immer wieder auch von den großen *working-class*-Themen, von fiesen Bossen, miesen Vermietern und dem leidigen Geld. Hunderte solcher Work-und-Money-Songs gibt es, zu denen man sehr gut tanzen kann.

»Die meisten Kids finden die alte Musik uninteressant. Es ist eben der Sound ihrer Eltern und Großeltern. Sie hören heute Hip-Hop, das ist gewissermaßen der Anschluss an das Soul-Zeug von früher. Manchmal wird etwas von früher gesampelt. Auch die Hip-Hop-Texte erzählen vom Alltag, nur sieht der heute eben etwas anders aus.«

»Wo kommen die Platten eigentlich her?«

»Das meiste stammt aus den verlassenen Häusern, von denen du bestimmt schon welche gesehen hast. Ich schätze, dass in jedem zweiten Haus im Keller oder auf dem Dachboden Schallplatten lagern. Wenn du plötzlich auf die Straße gesetzt wirst oder aus anderen Gründen dein Haus verlassen musst, dann sind die Platten vermutlich das Letzte, an was du denkst. Sie sind ja auch schwer zu transportieren, allein wegen des Gewichts. Manchmal liegen sie auch in einer Garage, oder man findet sie in einer stillgelegten Radiostation. Es gibt Jungs, die wissen, dass ich die Platten weiterverkaufen kann. Sie holen sie aus den Ruinen heraus und bringen sie vorbei.«

»Sie durchforsten die Ruinen in deinem Auftrag?«

»Nicht direkt in meinem Auftrag. Sie wissen einfach, dass ein paar Dollars mit den Sachen zu verdienen sind. Es hängt ja auch das Schild an meinem Laden, ›We buy 45s‹. Mittlerweile hat es sich herumgesprochen, und ich habe ein paar Stammlieferanten. Ich erkläre ihnen, welche Platten gesucht sind, zeige ihnen die unterschiedlichen Labels und sage: ›Das hier ist heiß. Solches Zeug könnt ihr stehen lassen.‹ Ich versuche, ihnen zu vermitteln, welch großer kultureller Schatz sich dahinter verbirgt. Ich sage: Eure Großeltern waren verdammt coole Leute. Und darüber bin ich mit vielen der Jungs im Gespräch. Manchmal besuche ich auch deren Hip-Hop-Clubs. Das gehört hier sowieso alles zusammen, ich mache keinen Unterschied.«

»Vorhin sagte ein Junge, er wolle Gospel-Hip-Hop machen, mit Samples aus den Platten, die er von dir hat.«

»Gospel-Hip-Hop? Nie gehört.«

»Er hat das Genre offenbar gerade erfunden.«

»Wer weiß … So entstehen eben neue Dinge: Jemand probiert etwas aus, arbeitet an einer Idee, auch wenn andere ihn für verrückt halten. So ist es schon immer gewesen in Detroit. Vieles wurde hier erfunden. Das Fließband. Motown. Techno. Manche sagen, hier liege etwas in der Luft.«

»Geht es zur Zeit abwärts oder aufwärts mit Detroit?«

»Schwer zu sagen. Ein paar Dinge bewegen sich immer. Vor zehn, 15 Jahren gab es eine Menge Clubs, eine riesige Rave-Szene, viele Konzerte und einigen Medienrummel. Dann fiel wieder alles in sich zusammen. 2006 haben sie für den Superbowl ein Stück der Woodward aufgemotzt, unten, downtown. Sie gingen so weit, Obdachlose in Busse zu verfrachten und an den Stadtrand zu karren. Und? Nichts hat sich geändert. Zurzeit passiert einiges mit Kunst, Ausstellungen und so. Aber auch das bedeutet nicht viel. Sieh dich um. Vielen Leuten geht es schlecht. Es fehlen die Jobs.«

»Manche behaupten, dass Detroit sich an einem Wendepunkt befinde und zum ›Berlin der USA‹ werden könne, zu einem Paradies für *Kreative* …«

»Bullshit. Kennst du die Johnny-Knoxville-Doku? Immer wieder filmen sie dieselben *artists*, aber oft stammen die gar nicht von hier, sondern wollen nur den Mythos für sich nutzen. Die Leute, die hier verwurzelt sind, lachen darüber. Es gibt hier keine ›Szene‹ und keine ›In-Clubs‹. Es ist viel informeller. Mal finden in einer Lagerhalle ein paar Partys statt, dann ist es eine stillgelegte Schule. Mund-zu-Mund-Propaganda.«

»Im Grunde bist du ja auch ein Teil der *Kreativwirtschaft*, mit deinem Plattenladen.«

»Darüber habe ich noch nicht nachgedacht. Ist das so? Und wenn schon. Ich mache das seit acht Jahren und kann einigermaßen davon leben, und ein paar andere Leute verdienen auch ein paar Dollars damit. Das ist alles.«

»Kannst du mir, wenn es dir nichts ausmacht, ein paar Orte verraten, an denen Johnny Knoxville vielleicht drehen würde?«

Er verzieht das Gesicht.

Dann zieht er meinen Notizblock über den Tisch zu sich rüber und beginnt zu schreiben – zwei Seiten voll mit Adressen, Webseiten, Telefonnummern. »Viel Spaß!«

*

Da sind sie: Junge Männer in schmalen Hosen, mit Jesus-Bärten, übergroßen T-Shirts, riesigen Brillengläsern und schlaffen Stofftaschen an ihren schmalen Schultern. Der universelle Hipster-Code unserer Tage – ein Wahnsinn, was das Internet bewirkt. Diese jungen Männer könnten in all ihrer demonstrativen Nachdenklichkeit genauso gut in Williamsburg/New York, Ehrenfeld/Köln, in

Rom, Tokio, Antwerpen oder eben Berlin herumstehen. Für die jungen Frauen gilt dasselbe. Ihre langen Haare tragen sie offen, mit schwerem Pony, oder sie haben sie nachlässig zu einem lockeren Dutt auf dem Oberkopf geknäuelt, ihre Brillen sind noch größer als die der Jungs, und sie tragen Second-Hand-Kleider im Achtziger-Jahre-Stil. Der global operierende *sophisticated-middle-class-mainstream*, Literaturstudenten und Design-Praktikanten, Social-Media-Spezialisten und Flickr-Fotografen, TV-Trainees, Edel-Kaffee-Baristas und andere Einser-Schüler: Shit, ich bin zu Hause.

MOCAD heißt der Ort, Museum of Contemporary Art Detroit. 2006 wurde es in den Räumen einer früheren Autohandlung gegründet, finanziert mit Spenden und Stiftungsgeldern. 2000 Quadratmeter Ausstellungsfläche, regelmäßig finden Lesungen, Performances und Konzerte statt. Heute Abend spielt hier eine Postpunk-Legende: die britische Frauenband The Raincoats. Im Vorprogramm eine lokale Band: Swimsuit, drei junge Frauen an Schlagzeug, Bass, Lead-Gitarre, ein Mann an der Rhythmusgitarre. (Die Swimsuit-Bassistin bleibt über den ganzen Abend der einzige schwarze Mensch, den ich im Saal sehe.)

Neben mir im Publikum steht Heather.[28] »I like feminist music«, mit diesen Worten hat sie mich angesprochen. Worauf wir unsere Plastikbecher zusammenstießen und eine Unterhaltung begannen. Heather ist 32 und wohnt in Ferndale, »da, wo alle zurzeit leben wollen, die Wohnungen werden knapp«. Ferndale liegt direkt hinter der Acht-Meilen-Grenze und zählt schon zu Oakland County, klebt aber, sozusagen, noch an der City dran. Ferndale gestaltet sich etwas aufgeräumter, mittelständischer als die Stadt, wenngleich noch lange nicht so beklemmend *suburb*esk wie die folgenden Vororte. »Ferndale ist toll. Mit dem Auto sind es nur zwanzig Minuten hier herunter«, sagt Heather. »Ich liebe die City.« Ob ich schon in dem Buchladen gewesen sei, der zum Museum gehört? »I like culture. It's so important.«

Sie stammt aus einer Kleinstadt irgendwo draußen in Michigan. Eigentlich wollte sie Sozialwissenschaften in Detroit studieren, aber dann hat sie sich in tausend andere Dinge verwickelt. Hat mal in einer Band gespielt. Hat mal T-Shirts in einem Laden bedruckt. Jetzt arbeitet sie in einer veganen Pizzeria, mal am Ofen, mal im Service. »Es ist eine Kooperative, der Laden gehört Freunden von mir, beziehungsweise: Irgendwie gehört er uns allen.«

»Vegane Pizza? Läuft das, in Detroit?«

»In Ferndale schon«, sagt Heather. Ein diffiziles Handwerk sei das vegane Backen, eine Kunst für sich. »Dadurch, dass du auf Eier und tierische Fette verzichtest, ändern sich die Vorgänge, die Chemie, die Physik, alles.«

Warum sie sich das Leben künstlich so erschwert, möchte ich sie fragen. Warum sie nicht einfach normale Pizzen backt. Etwas an Heather macht mich aggressiv. Dabei ist sie eine wirklich freundliche Person, eine gebildete, aufgeschlossene junge Frau, die »fast alle Platten von The Fall« besitzt, »auch wenn es keine Frauen-Band ist«.

»Heather«, frage ich, nachdem Swimsuit ihr Vorgruppen-Set gespielt haben, »glaubst du, dass 100 000 Künstler in Detroit Platz finden?«

»100 000? Das sind ein bisschen viele, vielleicht ...«

»Glaubst du, dass du und die anderen Leute hier, die Musikerinnen, die Besucher, die Museumsmacher, die veganen Pizzakunden, dass ihr die Vorhut einer neuen Elite seid?«

Sie denkt einen Augenblick nach. »Nein. Ich habe keine Yuppie-Freunde.«

»Was geschieht, wenn die Mieten in Ferndale weiter steigen? Wäre es eine Option, weiter ins Stadtinnere zu ziehen? Vielleicht eines der leer stehenden Häuschen herzurichten und zu übernehmen?«

»Oh, Freunde von mir haben das getan! Sie sind diesen Sommer eingezogen, südlich vom East Grand Boulevard. Ich glaube, sie mussten nicht mal 15 000 Dollar hinlegen. Die Eltern haben geholfen.«

»Manchmal gibt es Häuser schon für 5000 Dollar, habe ich gehört. Und bei städtischen Zwangsversteigerungen sollen Schnäppchen sogar ab 500 Dollar zu haben sein.«

»Mag sein, aber das sind dann sehr raue Gegenden.«

»Hast du je darüber nachgedacht, die Stadt zu verlassen?«

»Nein. Es ist so wunderbar günstig, hier zu leben. Meine Freunde und ich, wir alle tun hier Dinge, die wir uns in New York oder Chicago nie leisten könnten.«

»Wie steht es also um Detroit, zurzeit? So insgesamt? Wie sind die Zukunftsaussichten? Sag's mir, Heather.«

Wieder überlegt sie einen Moment.

»Ich denke, dass es aufwärts geht, in vielen kleinen Schritten. Ich bin ein positiver Mensch. Das ist eine Grundeinstellung, an der man immer arbeiten muss, auch wenn es einem schwerfällt. Es ist wie mit einer Focaccia im Ofen: Man darf sie einfach nie aus den Augen lassen.«

Hipster-Treffpunkt in der Stadtmitte: das MOCAD-Museum in einer ehemaligen Autohandlung.

»Wir brauchen neue Schock-Truppen.«

Die *Detroit Free Press* ist die einflussreichste Zeitung der Region. Sie führt Buch über jegliche Anzeichen eines Auf- oder Abschwungs. Im Sommer 2011 vermeldete sie: Mehr als 130 Stellen für Busfahrer sind ab sofort gestrichen, weil die Stadt kein Geld mehr hat. Außerdem wurden sechzig öffentliche Schulen geschlossen. Die Kinder aus den betroffenen Stadtteilen werden mit Bussen in andere Viertel gebracht, in denen die Klassenstärken entsprechend steigen. Es soll jetzt Klassen geben, in denen 45 und mehr Kinder sitzen. Die Fahrtzeit dauert unter Umständen bis zu einer Stunde. Und das, obwohl die Fehlzeiten in den öffentlichen Schulen sowieso schon ein Problem sind, die Kids schwänzen häufig. Angeblich erfüllen nur zwei Prozent der Absolventen auf Anhieb die Anforderungen weiterführender Colleges. Die Schließung von sechzig Schulen ist eine bemerkenswerte kommunalpolitische Entscheidung, zumal in einer Stadt, in der Armut, mangelhafte Bildung und die daran gekoppelte Hoffnungslosigkeit seit Generationen vererbt werden, einer Stadt, in der die Analphabetenrate bei um die dreißig Prozent liegt – und deren Entscheidungsträger neuerdings eine *kreative Wissensgesellschaft* anstreben.

Bürgermeister Dave Bing, das vierte schwarze Oberhaupt der Stadt, hat einen schwierigen Job zu erledigen. Sein Handlungsspielraum bewegt sich zwischen den Polen »Sparen« und »den Leuten den Spardruck irgendwie schonend beibringen«. Sein Amtsvorgänger, der schillernde Kwame Kilpatrick, ein Politikwissenschaftler und Ex-Footballspieler, war wegen Korruption, Meineids und eines Sexskandals 2008 aus dem Amt geflogen. Bing, ein früherer Basketball-Star, gehört, wie Kilpatrick, der Demokratischen Partei an und wurde vielfach für sein »soziales Engagement« ausgezeichnet, bevor er das Amt übernahm. Große Hoffnungen hatten die Menschen in ihn gesetzt, als er 2009 seinen Posten antrat. Doch dann bestand eine seiner ersten Amtshandlungen darin, die Wasserversorgung zu privatisieren, worauf die Tarife gewaltig stiegen. Diese und weitere Kürzungen im öffentlichen Sektor nehmen die

Menschen ihm extrem übel. Manche gehen auch etwas nachsichtiger mit ihm um. Sie sagen, Bing sitze in einer Falle, sei quasi bewegungsunfähig. Er musste eine völlig verfilzte Misswirtschaft übernehmen – und hat, so beschreiben es Beobachter der dortigen Lokalpolitik, auch noch die Mehrheit des neunköpfigen Stadtparlaments gegen sich. Der Detroit-Kenner John Gallagher spricht von einer »dysfunctional city«.[29]

Bings verzweifeltes Regierungshandeln stützt sich auf eine Strategie, die seit den nuller Jahren auch in Deutschland außerordentlich populär ist und unter dem Schlagwort »Public-Private-Partnership« diskutiert wird. In Detroit bedeutet das: Konzerne werden mit allerlei Vergünstigungen gelockt, in der Hoffnung, dass sie verlassene Gebäude übernehmen und sich an der Gestaltung und dem Betrieb öffentlicher Einrichtungen und Plätze beteiligen. Seit einer Gesetzesänderung von 2006 darf die Stadt bis zu 45 Areale gleichzeitig als »reduzierte Steuerzonen« ausweisen. »Ein kompliziertes System aus Steuervergünstigungen auf städtischer, bundesstaatlicher und nationaler Ebene« erlaubt es manchen Investoren sogar, bis zu 15 Jahren praktisch gar keine Abgaben an die Stadt oder den Staat Michigan zu entrichten.[30] Des Bürgermeisters »heißer Draht« zu potenziellen Geldgebern ist vorläufig alles, womit er sich eventuell profilieren kann.

»Detroit Works«, »Living Cities« oder »Live Midtown« heißen die Programme, bei denen private Geldgeber oft eine entscheidende Rolle spielen und im Gegenzug für ihre Hilfe mitunter ein weitreichendes Mitspracherecht haben. Einer der Pläne, die in den Schubladen der Stadtverwaltung lagern: Auf der Woodward Avenue soll eine Straßenbahn gebaut werden, die M1 Light Rail, um die soziokulturell unterschiedlichen Teile der Stadt zu verbinden, damit ein neues »urbanes Feeling« entstehen könne, heißt es in den offiziellen Stellungnahmen zum Planspiel. Als Hauptsponsor dient sich die Kresge Foundation an, die zu einem großen Einzelhandelskonzern gehört, der US-weit unter den Namen Kmart Verbrauchermärkte betreibt. Sagenhafte 25 Millionen Dollar will das Unternehmen in die Straßenbahn investieren, dafür bekäme es dann ein Werbemonopol entlang der Strecke und in den Waggons.

Erstaunlich bis absurd muss es einer Außenstehenden erscheinen, dass man in Detroit ernsthaft einen solch gigantischen Plan verfolgt – wo doch *erstens* der People Mover schon seine einsamen Runden im aufgemotztesten aller Stadtteile dreht und es *zweitens* viel einfacher wäre, den bestehenden öffentlichen Nahverkehr auszubauen. Man zerschlägt das vorhandene Bussystem – und spinnt sich eine schnuckelige Straßenbahn zusammen, die einen viel kleineren Radius abdecken würde und deren Bau mindestens ein halbes Jahrzehnt dauern wird, wenn sie denn überhaupt je zustande kommt. Aus Sicht des eilfertigen Sponsors Kresge ist klar, warum man lieber 25 Millionen in eine nagelneue Straßenbahn investiert, als mitzuhelfen, ein marodes Busnetz wieder zu Kräften zu bringen. In Bussen sitzen in Amerika nur arme Leute, das ist in allen Bundesstaaten und Städten so. Busse haben definitiv ein Bäh-Image. Warum sollte ein Einzelhandelskonzern also bei Leuten werben, die sowieso nur ein paar Lebensmittelmarken zu verjubeln haben? Eine blitzblank glänzende Straßenbahn hätte einen kurzfristigen *Sensations*charakter, außerdem einen gewissen nostalgischen *Appeal*, sie ergäbe sehr schöne, touristisch wirksame Schlagzeilen. Zudem würde die Straßenbahn all die *schlimmen* Viertel gar nicht ansteuern, sondern allein die Hauptverkehrsstraße hinauf- und hinabfahren, an der eines Tages – in einer fernen, goldenen Zukunft – wieder Boutiquen und Erlebniskaufhäuser erblühen könnten. (Und entlang der Strecke fänden sicherlich auch fünf bis sieben Kmart-Filialen Platz. Man könnte die Haltestellen so anordnen, dass die Leute direkt aus den Waggons in die Shoppingparadiese purzeln.)

Im September 2011 auf der Titelseite der *Detroit Free Press*: Dan Gilbert. »Gilbert quickens downtown growth« (»Gilbert beschleunigt das Wachstum in der Innenstadt«), lautet die Schlagzeile, darunter ein Zitat des strahlenden, weißen, sauber gescheitelten Mannes: »Ich kann es kaum erwarten, aus dem Fenster zu schauen und zu sehen, was in der Gegend passiert.«

Gilbert stammt aus Michigan und ist der Vorstandsvorsitzende von Quicken Loans, einem auf private Immobilienkredite spezialisierten Finanzkonzern. Das Unternehmen wird in den örtlichen Medien als ein »rettender Faktor« für Detroit gefeiert, denn es hat 2010 damit begonnen, downtown neue Büros zu eröffnen, man will mehr *white-collar*-Jobs und entsprechendes Personal in die Stadt bringen. Dabei macht Quicken Loans von den erwähnten Steuervergünstigungen Gebrauch. Innerhalb kurzer Zeit hat Gilbert eine Handvoll leer stehender Gebäude zusammengekauft, darunter das First National Building aus dem Jahr 1922 und das Chase National Building, in dem er seine Mitarbeiter untergebracht hat. »Offensichtlich hat Dan mitbekommen, dass es einen Skyscraper-Schlussverkauf in Detroit gibt, und sich schnell ein paar rausgesucht«, scherzte einer seiner Geschäftspartner vor Journalisten. »Er hat die Chance genutzt, einzukaufen, während alles noch unterbewertet ist. Und er geht davon aus, den Wert zügig nach oben treiben zu können.«[31]

Rund hundert Millionen Dollar haben Quicken Loans und ein zweites regionales *white-collar*-Unternehmen (Compuware) in den vergangenen zwei, drei Jahren auf diese Art in Detroit angelegt. Die Immobilien-Deals gingen Hand in Hand mit einer bestimmten Recruiting-Strategie: »Die Mitarbeiter sind im Schnitt 28 Jahre alt und wollen in einer modernen urbanen Umgebung leben.«[32] Auch die Angestellten erhalten finanzielle Anreize, wenn sie in den Bereich innerhalb der *city limits* ziehen. Bis zu 2000 neue Bürger will man nach Detroit locken. Die Stadt solle zu einem Ort werden »für all diejenigen, die Profit machen, gut leben und spielen wollen«, sagt Dan Gilbert.

Während der *Investor* in Deutschland gemeinhin als verhasste, tief dunkle Figur gilt, als gesichtsloser Immobilien-Verschieber, werden Männer wie Gilbert oder Tony Goldman in der amerikanischen Berichterstattung zu »Sympaticos« personalisiert. Man sieht ihre Gesichter in Großaufnahme, erfährt etwas über ihre Hobbys (Dan Gilbert sponsert ein Basketballteam) und ihre menschlichen Qualitäten. »Sie tun so, als sei Gilbert der neue Jesus«, sagte eine meiner Gesprächspartnerinnen, die aus beruflichen Gründen nicht mit dieser Aussage in Verbindung gebracht werden möchte.[33]

Der Begriff »Gentrifizierung« ist mir in Detroit kein einziges

Mal begegnet (wenn er in einem Gespräch doch einmal auftauchte, hatte ich ihn selbst ins Spiel gebracht). In Hamburg oder Berlin wehren sich Anwohner mit Bürgerinitiativen und Besetzungen gegen die forcierte »Aufwertung« der Innenstädte und einzelner Wohngebiete, gegen steigende Mieten und die Privatisierung des öffentlichen Raums. Dass alle Menschen ein Recht auf die Stadt haben, ist dabei der Kerngedanke.[34] Er geht auf den französischen Soziologen Henri Lefebvre (1901-1991) zurück, der die »verdichtete Unterschiedlichkeit«, das barrierefreie Zusammenleben vieler verschiedener Menschen (arm und reich, bürgerlich und alternativ) als Voraussetzung für eine gelungene und vitale Stadt erachtete.[35]

Ebendiese *verdichtete Unterschiedlichkeit* fehlt in Detroit. Allerdings sind die Dinge, wie bei einem Dia-Negativ, hier genau andersherum gelagert als etwa in München oder Hamburg. Nicht zu viele Yuppies gibt es, sondern eindeutig zu wenige. Das Unbeschäftigt- und Vergessensein hängt in Detroit in der Luft wie Smog. Hat man es eine Weile auf sich wirken lassen, leuchtet es einem vollkommen ein: Yuppies sind in der Welt, wie sie heute zu sein vorgibt, wichtig. Wenn Yuppies zu viel Champagner trinken, brauchen sie Taxifahrer, die sie nach Hause bringen. Wenn Yuppies mit schaumigen Estragonsaucen ihre Seidenhemden bekleckern, brauchen sie jemanden, der wäscht und bügelt. Wenn Yuppies ihr eigenes Leben zum Hals raushängt, brauchen sie jemanden, der ihnen – husch, husch – die Wohnzimmerwände lachsrosa streicht. Wo Menschen sinnlos ihr Geld verprassen, entstehen durchaus ein paar neue Jobs, auch solche, für die man nicht unbedingt einen College-Abschluss braucht, im Reinigungs-, Transport-, Wach-, Gärtnerei- oder Körperpflegegewerbe. »Yuppies raus!«, heißt es in Hamburg-Altona und Berlin-Neukölln an jeder siebten Hauswand. »Yuppies welcome!«, müsste es in Detroit heißen. Das Problem ist die massive *De*-Gentrifizierung.

Frenetisch begrüßt die örtliche Presse nun diejenigen, die frisch eingerichtete Büros übernehmen, hochgetunte Altbauten beziehen und dabei deutlich weniger Steuern zahlen als alle anderen: 2000 neue Bürger kommen in die Stadt – wie wunderbar! 700 000 alte Bürger wohnen allerdings schon die ganze Zeit dort – und bilden in all den Jubelberichten nur eine Fußnote.

*

Es wird Zeit, mit dem Gehirn Detroits zu sprechen: mit Professor Robin Boyle, dem Leiter der Abteilung Geography & Urban Planning an der Wayne State University. Seit zwanzig Jahren erforscht er die Stadt und ihre Dynamiken, und wer sich einliest in die jüngeren stadtsoziologischen Debatten um Detroit, wird früher oder später auf seinen Namen stoßen. Als Exil-Schotte trägt er selbstverständlich ein Tweed-Sakko. »Wie ist Ihr Eindruck von Detroit?«, fragt er mit rollendem Rrrr, als ich ihm in seinem bescheidenen Professorenbüro gegenübersitze.

»Leer, arm, zerstreut. Das Ausmaß der Segregation ist erschütternd. Und mir fällt auf, dass einige private Geldgeber derzeit mit großem Getöse die Bühne betreten.«

Er nickt. »Wir sind in Detroit an der *bottom line*. Klar ist, dass wir von hier aus nicht mit Raketentechnik durchstarten werden. Mit bescheidensten Mitteln versuchen wir, die Zukunft zu gestalten.«

»Ich höre viel von ›Berlin‹ und dass man jenes Modell nachbauen will. Ständig ist von der *Kreativwirtschaft* die Rede.«

»Die Berlin-Analogie hat ihre Schwächen, aber sie ist nicht in jedem Punkt verkehrt. Fakt ist: Es gibt zu wenig Jobs. Wir müssen versuchen, eine New Urban Economy aufzubauen. Das hat man auch in Berlin getan. Die New Urban Economy baut auf dem Wirtschaftsfaktor *Talent* auf. Es ist ein Gut, ein Rohstoff, wie früher die Elektrizität, dank derer einst ganz neue Industrien entstanden, in Berlin zum Beispiel Siemens. *Talent* hat ein Gesicht: Es sind junge, flexible, sehr gut ausgebildete Leute. Wir brauchen sie hier in Detroit so, wie man früher den Stahl gebraucht hat.«

»So ähnlich redet man in Berlin seit zwanzig Jahren, aber die Quote der Sozialhilfeempfänger liegt dort immer noch über dem Bundesdurchschnitt, und viele ›talentierte‹ Leute schlagen sich mit prekären Jobs durch oder werden von den Familien aus Westdeutschland alimentiert. Unterdessen wächst generell die Zahl der Leih- und Zeitarbeiter und anderer marginaler Beschäftigungsformen. Die *Kreativwirtschaft* scheint nur eine der vielen neuzeitlichen Blasen zu sein. Und was Berlin als Ort angeht: Viele können sich das Wohnen im Zentrum der Stadt gar nicht mehr leisten. Dafür wächst die Zahl der Wochenend- und Zweitapartments. Sie werden von einer globalisierten Gewinnerklasse unterhalten. Diese Leute schauen nur ab und an vorbei, um einen gewissen *shabby* Glitzer abzuschöpfen.«

»Über diese Verhältnisse in Berlin weiß ich zu wenig«, sagt Boyle, »Sie kommen mir da sehr pessimistisch vor.«

»Entschuldigung, ich wollte Sie nicht unterbrechen.«

»Ein zweiter Punkt, der mir an Berlin interessant erscheint, ist seine dörfliche Struktur. Abgesehen von einem verhältnismäßig kleinen städtischen Innenkern, der neu gestalteten Mitte, ist es in *communities* organisiert, die wie kleine Städte in sich funktionieren. Kreuzberg, richtig?«

»Prenzlauer Berg!«

»Beides sind jedenfalls Strategien, die wir in Detroit anwenden wollen: Die Stadt bewusst verkleinern, überschaubare und stabile *urban villages* mit einer höheren Bevölkerungsdichte schaffen. Alle Bemühungen konzentrieren sich jetzt auf drei Entwicklungsgebiete, die wir »demonstration areas« nennen. Dort gewährt die Stadt Strukturhilfen. Das ist zum einen ein Gebiet in West-Detroit, jenseits des historischen Bezirks Corktown, außerdem unser Universitätsdistrikt hier in Midtown und eine Gegend, die wir »North End« nennen. Dort finden sich noch halbwegs intakte Nachbarschaften, und die Grundstückspreise sind nicht ganz in den Keller gerutscht. Wir versuchen, die Leute dazu zu bewegen, die schlechteren Gegenden zu verlassen und in den besseren Vierteln ein neues Leben zu beginnen.«

»Die Stadt kann Kosten für die Kanalisation, die Polizei und andere öffentliche Dienste sparen, wenn bestimmte Gegenden geräumt werden, richtig?«

»Auch das. Das gravierend Neue an unserer Strategie: Einen Teil der Stadt überlassen wir ganz bewusst der Natur. Statt die Brachen um jeden Preis aufzufüllen, wie man es früher gemacht hätte, konzentrieren wir uns auf die lebendigen Teile der Stadt. Selbstverständlich können wir niemanden zum Umzug zwingen. Das will auch niemand. Sehen Sie diese drei Wälzer dort unten?« Er deutet auf das Bücherregal hinter seinem Schreibtisch. »Das ist der offizielle Plan für die Stadtentwicklung in Detroit aus dem Jahr 1968, das war ein Jahr nach den Riots. Tausende Seiten, finanziert von einer Stromfirma. Das ist das Modell des 20. Jahrhunderts: Man schuf Kommissionen, 25 Leute verschwanden für ein Jahr hinter verschlossenen Türen und brüteten Generalpläne aus. Nie hat das funktioniert. Man muss den Menschen Detroit auf der Basis eines neuen *mindset* verkaufen: Ihr kommt hierher beziehungsweise bewegt euch innerhalb der Stadt – und nehmt teil an einem Prozess der Veränderung. Ihr seid Pioniere! Und schon bald habt ihr direkten Zugang zu einer gewissen Kaffee-Kultur, einer neuen Szene, aufstrebenden Bars, viel Natur und so weiter.«

»Die ›jungen, gut ausgebildeten Menschen‹, von denen immer wieder die Rede ist, bringen aber selten viel Geld mit, und schon gar keine Jobs. Sie bilden doch höchstens die Kulisse, den Statisten-Stamm für … Für was genau?«

»Der Zuzug junger, *kreativer* Leute ist auf jeden Fall ein Wirtschaftsfaktor. Das Geheimnis aller prosperierenden Städte ist die Migration. Was die jungen kreativen Leute angeht: Sie bringen erst mal kein Geld, das stimmt, aber sie bringen Vielfalt (*diversity*) und Lebensfreude (*vitality*). Im sozialen Sinne fungieren sie als *shock troops*. Sie tragen dazu bei, Viertel neu zu erschließen und Mikrostrukturen aufzubauen, aus denen neue Gemeinschaften entstehen können, wo vorher alles disparat war. Solche Mikrostrukturen haben einen Ankereffekt. Ringsum siedeln sich immer mehr Menschen an, weil das Leben hier leichter und angenehmer ist. Darauf setzen wir.«

»Wenn eines Tages eine Starbucks-Filiale direkt neben einem Liquor Store aufmacht, wäre das also ein Indiz für städteplanerischen Erfolg?«

»So kann man es sagen. Natürlich werden solche Standorte auch für größere Investoren attraktiv. Konzerne sehen eine Profit-Chance in solchen Entwicklungen. Wir leben im Kapitalismus, richtig?«

»Je mehr Wohlstand sich ansiedelt, desto eher färbt er auf die Umgebung ab: die alte *trickle-down*-Theorie.«

»Man muss fairerweise sagen, dass es nicht immer funktioniert. Der entscheidende Punkt wird sein: Was geschieht, wenn die jungen Leute älter werden, wenn sie Familien gründen? Dann wird die Schulfrage wichtig. Wenn es um die eigenen Kinder geht, werden die Leute konservativ. Es kommt darauf an, die *Kreativen* auch dann noch in der Stadt zu halten, wenn sie solvente Steuerzahler geworden sind. Der Prozess darf nicht zu lange dauern.«

»Können Sie mir mal zeigen, wo genau die neuen Entwicklungsgebiete liegen?« Ich breite meinen Stadtplan aus. Professor Boyle blickt drauf und murmelt: »Das ist interessant. Sagen Sie: Wie finden Sie diesen Plan?«

»Ziemlich unübersichtlich. Viele Straßen sind gar nicht eingezeichnet. Ohne das Navigationsgerät wäre ich aufgeschmissen.«

»Ich zeige Ihnen etwas.« Er kruschelt in einer Schreibtischschublade herum – und legt einen anderen Stadtplan neben meinen. »Fällt Ihnen etwas auf?«

»Ja! Es ist fast der gleiche Plan. Aber Ihrer zeigt viel mehr Straßennamen. Auf meinem sind hier und da nur undefinierte hellrosa Flächen zu sehen …«

»Meiner stammt aus dem Jahr 2002«, sagt Professor Boyle, Ihrer stammt …«

Ich schaue im Impressum nach: »Von 2008.«

»Wir sehen also: Dieselbe Stadt, derselbe Kartenverlag. Aber ein paar Hundert Straßen weniger. Mein Plan ist vermutlich der letzte seiner Art. Alle späteren Auflagen sehen so aus wie Ihrer. Was lernen wir daraus? Bestimmte Viertel werden gar nicht mehr kartografisch erfasst.«

»Obwohl dort noch Menschen leben?«

Für ein paar Sekunden blickt er stumm auf die Pläne. »Haben Sie Zeit? Ich möchte Ihnen etwas zeigen. Wie können ein Stück mit meinem Auto fahren.«

In seiner dunklen Limousine cruisen der Professor und ich

durch die Gegend. Alle paar Hundert Meter deutet er auf ein Gebäude: »Hier, das alte Park Shelton Hotel aus den Zwanzigern. Lange stand es leer. Jetzt befinden sich sehr schöne Apartments darin.«

»Die sind bestimmt recht teuer?«

»Jedenfalls sind sie alle vermietet. Sehen Sie dort drüben: eine frühere Polizeistation – heute eine *charter school*.«

»Was bedeutet *charter school*?«

»Sie wird von einem privaten Träger geführt und mit Spenden finanziert, das Los entscheidet, welche Kinder aufgenommen werden und welche nicht. Es ist eine Privatschule, aber durch das Losverfahren ist ein demokratischer Auswahlprozess gewährleistet, es soll jedenfalls keine reine Elite-Schule werden ... Der Besuch ist erst einmal kostenlos ... Es gibt auch ein sehr gutes Stipendiensystem in den USA ... Dort, da hinten sehen Sie das Center for Creative Studies ... Und hier soll die Straßenbahn langfahren .... Und da drüben befindet sich seit Kurzem ein History Heritage Hotel ...«

So ungefähr muss es sich anhören, wenn man ein Investor ist und von klammen Stadtvätern umgarnt wird. Professor Boyle klingt kurzzeitig eher wie ein Marketing-Mensch als wie ein Wissenschaftler. Dann schlägt er vor: »Und nun sind wir mal still, und Sie zählen bitte bis 180.«

»Warum?«

»Vertrauen Sie mir. Ab jetzt: eins, zwei, drei ...«

Ich tue, was er sagt, und er kutschiert uns über zwei weitere Ampelkreuzungen. Als ich bei 120 bin, passieren wir eine Bahntrasse (stillgelegt). Bei 172 höre ich auf. Wir sind nur ein paar Blocks weit gefahren – und befinden uns plötzlich in der reinen Natur. Der Straßenrand ist ausgefranst, dahinter beziehungsweise davor: alles grün. Keine Stummel von einer Ruine, nirgends. Es ist die verlassenste Gegend, die ich bislang in Detroit gesehen habe. »Drei Minuten hat es gedauert«, ruft der Professor, »und wir sind von der Innenstadt *hierher* gelangt!« Er lässt die Scheiben herunter: »Hören Sie!« Grillen zirpen. Vögel singen. Der Wind streicht durch die Bäume.

»*Das* ist Detroit«, sagt Boyle. »Schätzen Sie mal, wie viele Menschen in dieser Ecke gewohnt haben, bis vor 15 oder 20 Jahren?« Er gibt die Antwort selbst: »Etwa 17 000. Ich zeige Ihnen dieses Gebiet, weil Sie so entsetzt darüber schienen, dass manche Gegenden nicht mehr auf den Plänen auftauchen. Das ist eine davon. Noch immer leben um die 2000 Menschen hier, es stehen noch ein paar Häuser, Sie werden sie gleich sehen. Es sind einfache Leute, und es ist schmerzlich für sie, vor allem wenn sie alt sind. Aber es wird die einzige Möglichkeit sein, die Detroit hat: Das hier aufzugeben, endgültig. Der Rückzug ist für uns ein Fortschritt.«

Er steuert den Wagen um ein paar Ecken, und tatsächlich kommen wir jetzt an vereinzelten Häusern vorbei, die noch bewohnt scheinen. »Hier, das mit den Sonnenblumen: Eine Künstlerkommune hat es übernommen, ihnen gefällt wohl die Stille. Und da hinten: Das war mal eine Reparaturwerkstatt für Fernsehgeräte.« Ich mache ein Foto durchs Autofenster. »Ach, wer lässt heutzutage noch seinen Fernseher reparieren?«, sagt der Professor und klingt jetzt etwas wehmütig. »Man kauft einfach einen neuen, es ist viel billiger.«

Schließlich hält er vor einem Backsteinhaus, an dessen Holztür »Polish Yacht Club« steht. »Haben Sie Hunger? Lassen Sie uns etwas essen.« Das Haus hat zur Straße keine Fenster, es wirkt einigermaßen gruselig. »Essen? Hier?«

»Sie werden schon sehen.«

Der Professor öffnet die Tür, und wir stehen in einer gut besuchten, mit Sport-Devotionalien vollgestopften Kneipe, die direkt aus den siebziger Jahren ins Hier und Heute geschleudert worden sein könnte. Aus dem Radio scheppern Country-Schlager. Blaue Rüschengardinen über Luftschächten, blinkende Lichterketten, eine Schiefertafel, auf die mit Kreide das Gericht des Tages (oder der Ewigkeit) geschrieben ist: Codfish Sandwich mit French Fries, für 5,95 Dollar. Hinter der Theke eine platinblonde Frau vom Typ Golden Girl, mit Schürzchen und lackierten Fingernägeln. Sonst nur Männer, alle rundlich, alle mittleren bis fortgeschrittenen Alters, alle in Sweatshirts oder Karohemden, alle weiß. Ein paar von ihnen nicken dem Professor zu, Handschlag, »How you're doing?« Wir setzen uns an einen Tisch, das Golden Girl kommt, ich folge der Wahl des Professors und bestelle einen Homemade Burger mit »polnischer Garnitur« (Gewürzgurken extra).

»Gefällt es Ihnen?«

»Es ist toll. Von außen würde man nie denken, dass hier drinnen noch etwas los ist. Es ist wie eine Zeitreise.«

»Ich dachte, es könnte interessant für Sie sein, dass in dieser Ecke kaum afroamerikanische Menschen leben. Arbeitslosigkeit hat rein gar nichts mit der Hautfarbe zu tun. Sie ist ein soziales Problem. Das kann man nicht oft genug betonen. Das hier ist eine klassische Arbeitergegend, ursprünglich bevölkert von polnischen Einwanderern. Sie leiden unter ähnlichen Problemen wie viele Afroamerikaner. 48 Monate lang kann man Unterstützung beantragen, ob am Stück oder in einzelnen Phasen. Danach … gibt es nur noch Lebensmittelmarken.«

Unsere Burger kommen, sie haben den Umfang von Soul-Singles. »Einerseits leuchtet mir ein, was Sie erklären …«

»Was genau?«, fragt Boyle.

»Sie wollen eine *verdichtete Unterschiedlichkeit* wiederherstellen, wie Lefebvre es genannt hat: Die Leute sollen näher zusammenrücken, und idealerweise würde sich damit auch die Rassentrennung wenn nicht erledigen, so doch abschwächen. Aber: Wie soll sich jemand, der von Lebensmittelmarken lebt, einen Umzug leisten können?«

»Es muss genügend *social housing* in den Entwicklungsgegenden geben, das ist richtig. Das wird eine große Herausforderung für die Stadt.«

»Und wie sollen Kinder aus Familien, deren Eltern nicht lesen oder schreiben können, Anschluss an die New Urban Economy finden, wenn man Schulen schließt und die Kinder stundenlang mit Bussen durch die Gegend jagt?«

»Mehr private Träger müssen *charter schools* eröffnen, mit Stiftungsgeldern. Darauf beruhen die Hoffnungen.«

»Und wie sollen die Leute gegebenenfalls zu den brandneuen Service-Jobs kommen, die in den Fördervierteln entstehen, wenn man ihnen die Busverbindungen wegnimmt?«

»Auch das ist eine Herausforderung, da haben Sie Recht. Sie stellen all die richtigen Fragen. Aber es sind europäische Fragen. Wir sind hier in Amerika. Es gibt keine große Sympathie für das, was wir in Europa ›Sozialdemokratie‹ nennen. Die Angst vor Bevormundung ist groß, oft gerade bei den Armen. Und der Glaube an die Macht des Marktes ist noch größer. Außerdem bleibt eine bittere Wahrheit bestehen: Die Stadt hat kein Geld.«

»Ich glaube, langsam verstehe ich, was in Detroit mit der ›Gestaltung der Zukunft‹ gemeint ist.«

»Na?«, fragt der Professor.

»Drinnen sitzen die Leute mit den Lebensmittelmarken – drum herum sitzt die Tea Party. Es fehlt das, was man ›Mittelschicht‹ nennt. Und da man die alte Mittelschicht nicht wiederbeleben kann, muss man eine neue züchten. Eine Mittelschicht, für die es kein Vorbild und bislang noch keine sichere wirtschaftliche Grundlage gibt und die sich in ihren Lebensgewohnheiten von der alten unterscheidet – sogar unterscheiden *soll*. Nicht *blue collar*, nicht *white collar*, sondern *colorful collar*.[36] Detroit ist ein riesiges soziales Labor.«

»Sie haben das leider sehr grob und verkürzt ausgedrückt«, mault der Professor. »Aber Sie haben es einigermaßen verstanden.«

Zerbröckelnde Mittelklasse-Träume überall. Rund 60 000 Wohnhäuser stehen leer.

»Es ist ein Ort voll weiblicher Kraft.«

OMG,[37] heute ich sitze da, wo ich freiwillig sonst nie sitze: bei Starbucks. Nicht im Starbucks in Midtown, sondern in einer Filiale in Birmingham, einem der schicken, aber nicht superreichen Vororte in Oakland County. Verabredet bin ich mit Sarah Treger Strasberg, einer 34 Jahre alten Charity Lady. Es ist ein gemeines Wort: »Charity Lady«. Als Deutsche denkt man dabei ja automatisch an die Familie Ohoven und deren dicklippige Kinder. Ich gebe also zu: Ganz ohne Vorbehalte bin ich nicht hierhergekommen.

Sarah Treger Strasberg leitet ein Hilfsprojekt für Menschen, die akut von Obdachlosigkeit bedroht sind. Die Initiative heißt Humble Design, bescheidenes Design. Sie unterstützt Leute, die aus ihren Häusern oder Wohnungen geflogen (oder geflohen) sind und vorübergehend in einem Auffangasyl leben. Die Organisation hilft beim Umzug in Sozialwohnungen. Vor allem beschafft Humble Design neue Möbel und Gerätschaften für den Haushalt, von grundlegenden Dingen wie Betten und Töpfen bis zu Dekorationsaccessoires wie Kerzenleuchtern.

Mit einer Viertelstunde Verspätung rauscht die Wohltäterin in die Kaffee-Filiale, in die sie mich bestellt hat. »Sorry, habe keinen Parkplatz gefunden.« Sie sieht viel jünger aus als 34 und auch sonst ganz anders, als ich sie mir vorgestellt hatte. Wie eine Mischung aus MTV-Moderatorin und Model, mit langen dunklen Haaren, riesigem Mund und geschwungenen dunklen Augen.

»Hi, nenn mich einfach Treger.«

»›Treger‹? Ich dachte, das ist Teil deines Nachnamens?«

»Niemand nennt mich ›Sarah‹. ›Treger‹ ist ein gebräuchlicher jüdischer Vorname. Also, was willst du wissen?«

»Lass uns mit Detroit im Großen anfangen. Du lebst hier oben, in einem ›vanilla suburb‹. Was bedeutet die ›chocolate city‹ für dich?«

»Ich wohne seit vier Jahren hier. Zuvor habe ich ein sehr globalisiertes Leben geführt. Geboren bin ich in San Diego/Kalifornien, dann habe ich in New York gelebt, eine Weile in Israel, schließlich in Miami/Florida. Ich bin seit zehn Jahren verheiratet und habe zwei Kinder. Ich komme aus dem Marketing, auch mein Mann ist beruflich sehr engagiert. Zuletzt standen wir vor der Wahl, nach Los Angeles zu gehen – oder nach Detroit. Mein Mann war etwas unsicher, weil man sehr viel Schlechtes über Detroit hört. Letztlich war ich es dann, die gesagt hat: Wir ziehen auf jeden Fall hierher!«

»Was gab den Ausschlag?«

»Es war Winter, und wir sind für ein paar Tage hergeflogen, um uns mal umzuschauen. Natürlich sah ich schnell das Elend. Ich sah aber auch Kinder, die Schneemänner bauten und bescheiden beleuchtete Weihnachtsbäume. Es hat mich gerührt. Und ich wusste sofort, dass dieser Wechsel uns sehr guttun würde. Ich sehnte mich danach, aus dem überdrehten Luxus wegzukommen, den wir aus Miami kannten. Das war nicht gesund, erst recht nicht für unsere Kinder. Zwei Monate später sind wir hergezogen.«

»Aber nicht in die Stadt …«

»Mit zwei schulpflichtigen Kindern kann man bisher in der Stadt leider nicht gut leben. Bitter, aber wahr.«

»Wie kam es zu Humble Design? Ist es deine Idee?«

»Ja. Wer aufmerksam die Nachrichten liest und Kontakt zu den Leuten sucht, der versteht schnell, dass das Elend nicht ›selbst verschuldet‹ ist – sondern dass sehr wertvolle, ganz wunderbare Menschen hier oft in sehr schwierige Situationen geraten und es aus eigener Kraft nicht mehr herausschaffen. Es war für mich von Anfang an klar, dass ich helfen wollte. Ich habe in einem *shelter* angefangen, das ist eine Art Auffangstation für Menschen, die ihr Zuhause verloren haben. Dort lernte ich eine Frau kennen, die sich ebenfalls als Hilfskraft engagierte. Das Verrückte: Sie war plötzlich genau in derselben Situation wie die Leute, denen sie tagein, tagaus half. Ihr Mann war gewalttätig, auch gegen die Kinder. Sie konnte nirgendwo hin, ihre Mutter war kurz zuvor an Krebs gestorben, sonst gab es keine Familie. Da sie selbst kaum etwas verdiente, war sie nicht ›kreditwürdig‹. Es ist unmöglich, so eine neue Bleibe zu finden. Obwohl so viele Häuser leer stehen. Eigentlich verrückt. Sie saß also fest. Oder sie musste sehr bald selbst mit ihren Kindern in einer *shelter* anklopfen. Das war der Schlüsselmoment für mich.

Ich verstand, dass es viele solcher Fälle gibt: Menschen, die sich anstrengen und, obwohl sie nicht viel Geld haben, oft sogar noch anderen helfen – und bei alldem Gefahr laufen, selbst abzurutschen, und zwar sehr schnell und sehr tief.«

»Wie kommt ihr mit den Leuten in Kontakt, wie gelangt ihr an Möbel und andere Hilfsgüter?«

»Angefangen hat es mit Sachspenden aus dem Freundes- und Bekanntenkreis. Bei wohlhabenden Leuten ist es doch so: Alle zwei, drei Jahre haben sie Lust, ihr Zuhause umzugestalten. Dann wandern teure Lampen, Vorhänge oder Sessel, die noch völlig in Ordnung sind, auf den Dachboden oder in den Keller. Das waren unsere ersten Spenden. Inzwischen sprechen wir auch Händler an, sie stellen uns sogar Waschmaschinen und Fernsehapparate zur Verfügung, Geräte aus der Vorsaison oder Ausstellungsstücke. Wir stehen in Kontakt mit verschiedenen Organisationen in ganz Detroit. Immer wieder erreichen uns von dort Hinweise, wer unsere Hilfe braucht. Zu neunzig Prozent sind es Frauen mit Kindern, zu 95 Prozent sind sie schwarz. Ach so, ›wir‹, das sind im Kern meine Freundin Ana und ich. Und es gibt viele ehrenamtliche Helfer. Seit einer Weile haben wir endlich auch 501C3.«

»Was bedeutet das?«

»501C3 ist eine Rechtsform, es bedeutet ›gemeinnütziger Status‹. Es erlaubt uns, auch Geldspenden anzunehmen, wofür wir Quittungen ausstellen dürfen. Ohne Organisationen wie unsere, es gibt Hunderte, wäre Detroit tot. Ich rede nicht von *showcase charity*, bei der reiche Leute einmal im Monat für zwei Stunden irgendwo Kaffee ausschenken und sich von der Lokalzeitung fotografieren lassen. Ich rede von harter Basisarbeit. Mittlerweile haben wir 71 Häuser eingerichtet, von null auf hundert.«

»›Von null auf hundert‹ bedeutet?«

»Wenn du mit kleinen Kindern in ein *shelter* kommst, dann weisen sie dir mit viel Glück eine städtisch geförderte neue Bleibe zu. Oft handelt es sich um unrenovierte Häuser in sehr schlechten Vierteln. Das Problem: Wer in ein *shelter* kommt, kommt mit nichts. Fast alle unserer Familien haben in den ihnen zugewiesenen Häusern anfangs auf dem Boden geschlafen, auf ein paar Steppdecken. Es bricht einem das Herz. Bei diesem Nullzustand fangen wir an: in einem leeren, heruntergekommenen Haus. Wir machen es so schön und gemütlich, dass es auch uns selbst gefallen würde. Wir versuchen ganz bewusst, unseren Lebensstil mit anderen zu teilen, soweit das möglich ist, und wir wählen die Familien sehr genau aus. Drogen dürfen keine Rolle spielen. Wir arbeiten mit Frauen, die ein Potenzial haben, mit den Go-Gettern.«

»Das klingt nach harter Auslese.«

»Vielleicht. Aber nur so macht unsere Arbeit Sinn. Menschen mit Alkohol- oder Drogenproblemen brauchen erst einmal andere Hilfen. Größtenteils sind es bei uns alleinerziehende Mütter. Die Mehrheit von ihnen hat es geschafft. Sie stehen wieder auf eigenen Beinen, können stolz auf sich sein. Nötig war nur ein kleiner Schubs vom Schicksal. Mit fast allen Frauen bin ich befreundet. Wir telefonieren und e-mailen uns.«

»Du erzählst ganz andere Dinge, als man sie erwarten würde … von einer wohlhabenden weißen Mutter und Marketingfrau aus Birmingham …«

»Ich weiß, was du sagen willst. Ich habe eine Menge Bekannte hier, die haben keine Ahnung, was unten in der Stadt los ist. Sie fahren auch nie rein. Wir leben hier oben in einem rosaroten Luftballon. Du musst mit dem Elend nichts zu tun haben, wenn du nicht willst. Detroit ist die Mikroversion eines Dritte-Welt-Landes, man muss es leider so sagen. Die Reichen sind *sehr* reich, und die Armen *sehr* arm. Auch hier in Birmingham gibt es eigentlich keine Mittelklasse. Das, was sich hier ›Mittelklasse‹ nennt, lebt wie andernorts die Upper Class. Das Gefälle ist riesig. Weißt du, in welchen Gegenden ich den Leuten am liebsten helfe? Wenn sie nach Southfield oder Ferndale ziehen. Ja – am glücklichsten bin ich, wenn wir eine schwarze Familie in einer weißen Gegend unterbringen.«

»Warum?«

»Zunächst einmal gibt es dort bessere Schulen, andere Vorbilder für die Kinder. Armut hat ihre ganz eigenen Traditionen. Die muss man brechen, da ist nichts zu romantisieren. Es gibt Frauen, die haben mich gefragt: ›Was gibst du deinen Kindern eigentlich zu essen? Ich wärme denen jeden Tag gegen vier eine Pizza auf, und du?‹ Ich versuche, nie von oben herab mit den Frauen zu sprechen. Ich mache nur Vorschläge, zum Beispiel: ›Dreimal am Tag ist besser. Frühstück ist wichtig, damit sie Energie für die Schule haben.‹ So in der Art. Die Frauen schauen sich begierig Dinge von anderen ab, wenn sie in eine neue Gegend kommen. Und es ist sowieso höchste Zeit, dass die Rassentrennung aufhört. Ich finde es sehr schön, dass es sich an manchen Ecken wieder mischt.«

»Warum helft ihr vor allem Frauen?«

»Das haben wir uns auch schon gefragt. Es ist keine Absicht. Aber meist führt der Weg tatsächlich über die Frauen. Sie sind diejenigen, die versuchen, den Laden zusammenzuhalten, sie kümmern sich um die Kinder. Viele Männer haben Probleme mit Drogen, Gewalt, Schulden. Frauen sind das eigentliche, oft unterschätzte Rückgrat dieser Stadt. Es ist ein Ort voll weiblicher Kraft. Möchtest du eine unserer Frauen kennenlernen?«

*

Ein hübsches Häuschen, hellgraue Holzlatten, weiße Fensterrahmen und eine rote Treppe, die über sieben Stufen zu einer Holzveranda führt. Im Vorgarten liegt Spielzeug, zwei Rutschautos für Kleinkinder, eins türkis, eins pink. Hier wohnt Charnell, 35, mit ihren Kindern, 17, 15, 12, 5 und 4 Jahre alt. Das Haus liegt tief in der West Side von Detroit, im Bezirk Eight Mile/Wyoming, in einer Ecke, die als Gangland verschrien ist.

Es ist neun Uhr morgens, Charnell öffnet in Jogginghose und T-Shirt die Tür und entschuldigt sich, dass nicht aufgeräumt sei. Dabei ist alles in Ordnung. Ein paar Kinderschuhe und Stofftiere liegen herum, eine halb ausgetrunkene Limonadenflasche steht auf dem Esstisch, ein Plastikkorb mit Bügelwäsche neben dem Sofa: ein ganz normales Wohnzimmer in ganz normalem Dienstagmorgenzustand. Cremefarbene Wände, eine große Speisetafel mit acht Stühlen, ein moderner Teppich auf dem Fliesenboden.

»Danke, dass ich Sie zu Hause besuchen darf.«

»Ist okay. Womit fangen wir an?«

»Erzählen Sie doch erst mal ein bisschen über sich. Fünf Kinder, das beeindruckt mich sehr.«

»Ja, ich weiß, was die Leute denken. Aber so ist es nicht. Ich war zweimal verheiratet, es sind alles eheliche Kinder. Drei mit dem ersten Ehemann, zwei mit dem zweiten.«

»So meinte ich das nicht. Glauben Sie, dass man schlecht von Ihnen denkt, wegen der Kinder?«

»Das ist das, was man einer schwarzen Frau gern nachsagt: Dass sie Gott weiß wie herummacht und Kinder in die Welt setzt, um Sozialhilfe zu kassieren. Aber das stimmt nicht. Jedenfalls nicht bei mir.«

»Verstehe.«

»Das Schlimme ist: Meine Tochter ist schwanger, mit 15. Ich habe gesagt, sie soll das Kind abtreiben, aber sie will es bekommen. In zwei Wochen ist es so weit. Das heißt, ich werde bald sechs Kinder zu versorgen haben. Oh Gott, es ist alles so kompliziert, ich weiß wirklich nicht, wo ich anfangen soll.«

»Bevor Sie in dieses Haus zogen, waren Sie kurz davor, obdachlos zu werden, richtig? Was war passiert?«

»Die Ehe mit meinem zweiten Mann lief nicht mehr, wir trennten uns. Die Kinder und ich blieben in unserem alten Haus, und ich brachte uns eine Zeit lang alleine durch. Ich habe immer gearbeitet, seit ich 13 bin. Als Jugendliche waren es Ferienjobs. Dann kam McDonald's, da blieb ich eine ganze Weile. Ich wurde dort sogar Swing Manager,[38] noch vor meinem 18. Geburtstag. Bei den ersten beiden Kindern stieg ich kurz aus, das ging schon, mein Mann hatte ja Arbeit. Mit knapp über zwanzig war ich wieder drin. Alles Mögliche habe ich gemacht, Kundenservice, Gastronomie, Tip-Jobs. Auch kaufmännische Tätigkeiten, Abrechnungen. Ich kann mit Computern umgehen. Glücklicherweise wohnen meine Eltern nicht weit weg, sie sind immer für die Kleinen da. Und es gibt Gutscheine für Kindertagesstätten, die kann man beantragen, wenn man in die Kategorie ›niedriges Einkommen‹ fällt. Das waren wir immer, meine Exmänner und ich: *low income* – obwohl beide immer viel gearbeitet haben, manchmal hatten wir zwei Jobs auf einmal. Die Kinder waren jedenfalls immer versorgt.«

»Das klingt anstrengend.«

»Was soll man machen? Zuletzt hatte ich einen ziemlich guten Job, bei der AAA Life Insurance, Sachbearbeitung, 14 Dollar die Stunde. Mit den Kollegen kam ich gut klar, von mir aus hätte das ewig so weitergehen können. Kaum kam das mit der Schwangerschaft meiner Tochter heraus, wurde ich gekündigt. Nicht nur ich, sondern die ganze Abteilung, wir waren zu zwölft. Es waren befristete Jobs, das wussten wir. Aber alle hatten gehofft, dass sie uns am Ende behalten, so was kommt ja manchmal vor. Finanziell war es sowieso schon eng, mit meinem Einkommen, allein. Und was ich noch nicht erzählt habe: Meine Vierjährige ist krank, sie hatte kurz vorher eine neue Niere bekommen.«

Charnells Mobiltelefon klingelt. Sie schaut aufs Display, sagt: »Kenne ich nicht«, und redet weiter.

»Dann ging alles rasend schnell. Ich habe nicht schnell genug einen neuen Job gefunden und konnte die Miete nicht mehr bezahlen. Und da hat man uns dann rausgeworfen.«

»So rasch?«

»Es waren schon ein paar Rechnungen beim Vermieter offen, wegen all der Arztkosten. Sofort nahm ich Kontakt zu einem *shelter* auf – und ein paar Tage später rief Treger von Humble Design bei mir an. Ich dachte erst: Was will die Frau von mir? Von der Stadt bekamen wir dieses Haus zugewiesen. Immerhin: Ich hatte hier einen Herd, einen Kühlschrank, eine Waschmaschine, die Basics. Keine Stühle, keinen Tisch. Betten für die Mädchen und mich, die Jungs schliefen auf dem Boden. Es war schlimm. Treger fragte mich erst ein bisschen aus. Dann haben sie mich und die Kinder für ein paar Tage in ein Hotel gebracht. In der Zeit wollten sie das Haus aufmöbeln. So ganz daran glauben konnte ich nicht. Aber schlimmer konnte es sowieso nicht mehr werden. Also willigte ich ein.«

Sarah Treger Strasberg – die Tine Wittler von Detroit, denke ich kurz. Und verwerfe es sofort wieder.

»Es war alles sehr unwirklich. Sie brachten uns im Atheneum unter.[39] Wir hatten zwei riesige Suiten, eine für die Jungs, eine für die Mädchen und mich. Ich dachte: ›Okay, wo ist hier der Haken?‹

Treger hatte gesagt, dass wir drei Mahlzeiten am Tag beim Room Service bestellen sollten. Ich sah mir die Speisekarte an und dachte: ›O nein, nicht mit mir!‹ Ein Cheeseburger kostete 16 Dollar! Plus 18 Prozent Aufschlag für den Room Service! Nie würde ich das bezahlen können. Wir hatten aber Hunger. Und so haben wir an der nächsten Bude, die wir finden konnten, Coney Islands für alle gekauft.⁴⁰ Treger hat zwischendrin mal angerufen. Sie erklärte, dass ich keine Angst zu haben bräuchte, die Rechnungen gingen alle auf sie. Aber das ungute Gefühl blieb. Abends habe ich eine große Pizza kommen lassen und Chicken Wings, Sachen, die wir auch zu Hause essen. Ich konnte mich einfach nicht daran gewöhnen, habe nur die Rechnungen gesehen: Achtzig Dollar allein für unser Frühstück! Ich wollte das alles nicht. Das ist nichts für mich.«

Das Telefon klingelt erneut. Sie schiebt es beiseite.

»Nach ein paar Tagen kamen wir zurück ins Haus. Und … Was soll ich sagen … Ich habe geheult wie ein Baby. Die Kinderzimmer! Bei den Jungs alles im College-Boy-Style, und im Badezimmer passte der Duschvorhang genau zu den Fliesen. In der Küche Töpfe, Pfannen, Gläser. Dann führte Treger mich nach oben, zuerst ins Zimmer meiner schwangeren Tochter, und es war alles drin, was sie braucht: eine Wickelkommode, eine Wiege, ein Riesenvorrat an Windeln. Bei meinen anderen Mädchen Country Style, mit Schmetterlingen und kleinen Käfern an der Wand … O je, mir kommen schon wieder die Tränen …« Sie schluchzt und lacht gleichzeitig. »Und das Beste: Für mich haben sie einen Schaukelstuhl hingestellt, weil ich jetzt ja Großmutter werde, mit 35! Schauen Sie, dort steht er!«

Kräftig schnäuzt sie in ein Papiertaschentuch.

»Ich dachte nur: ›Wow, diese Leute kennen mich überhaupt nicht und tun all diese Dinge für mich.‹ Ich habe versucht, diesen Gedanken ruhen zu lassen, es einfach anzunehmen, obwohl es nicht meine Art ist. Treger ist ein Geschenk des Himmels. Sie ruft auch regelmäßig an.«

»Das klingt alles sehr gut. Wie geht es nun weiter?«

»Ehrlich gesagt, weiß ich es nicht. Leider sieht es nicht gut aus.

775 Dollar kostet die Miete für dieses Haus, das ist sehr viel für diese Gegend. Ein paar Monate kriegen wir noch Stütze, aber dann fallen wir raus. Ich muss dringend einen Job finden. Aber es gibt keine! Weniger als je zuvor. Dreimal in der Woche leihe ich mir den Laptop einer Freundin und suche das Internet ab. Wenn ich dann mal ein Vorstellungsgespräch habe, muss ich jemanden finden, der mich fährt. Das kostet immer wieder Geld, das ich nicht habe.«

»Wieso nehmen Sie nicht den Bus?«

»Weil er nicht mehr fährt! Sie haben wieder Strecken gestrichen. Ich muss jetzt sehr weit zur nächsten Haltestelle laufen. Und die Busse sind unpünktlich, manchmal fallen sie ganz aus. Wenn man einen wichtigen Termin hat, kann man sich nicht auf sie verlassen. Also versuche ich, Freunde zu finden, die mich fahren, und gebe ihnen was fürs Benzin. Ich musste mir auch schon mal ein Taxi organisieren. Die Kids denken immer noch, ›Mom ist Super-Mom‹. Aber mir geht es ziemlich mies. Nur mein Großer, 17, weiß Bescheid. Er ist es, um den ich mir am meisten Sorgen mache.«

»Warum?«

»Weil das eine Scheißgegend ist, hier, und weil ich Angst habe, dass er in den Mist hineingezogen wird. Gerade haben sie ihn schon wieder aus der Schule rausgeschmissen. Sie sagen, er habe Mädchen belästigt, und es gab wohl ein paar Prügeleien. Ich kann nichts machen, ich bin nicht dabei. Hier in unserem Viertel gibt es viel Jugendkriminalität. Es wurden schon welche erschossen. Die Jungs benennen sich nach ihren Straßen: ›Hey, ich bin ein Dexter-Boy!‹ Oder: ›Achtung, ich bin von Schoolcraft.‹ Oder: ›Pass auf, ich gehöre zur Linmore Crew!‹ Es ist eine Schande. So junge, kräftige Männer – und sie machen sich gegenseitig fertig. Ich glaube, ihnen fehlen die Väter. So wie meinem Sohn. Einmal habe ich mich mit so einem Bürschlein angelegt. Der wollte mir erzählen, er sei stolz auf seine *hood*. Da habe ich ihn gefragt: ›Stolz? Worauf genau? Sieh dich um: Hier ein verlassenes Haus, zwanzig Meter nichts, noch ein verlassenes Haus, dann ein zotteliger Busch und ein Stapel schimmelige Autoreifen. Darauf bist du *stolz*?‹«

Sie lacht bitter.

»Es gibt Gegenden, da heißt es: Kill or be killed. Vor ein paar Monaten ist hier ein Junge nach einem Gangfight verblutet, weil die Ambulanz erst Stunden später kam. Wenn man heute die Polizei ruft, kommt sie vielleicht übermorgen. Offiziell heißt es, die Stadt habe kein Geld mehr. Aber auf uns wirkt es anders. Es gibt eine Theorie, nach der sie bestimmte Viertel gezielt ausbluten lassen, im wahrsten Sinne des Wortes. Kürzlich haben sie den letzten kleinen Supermarkt in der Gegend geschlossen. Der nächste ist jetzt noch mal ein paar Blocks weiter, zu Fuß ist das fast eine halbe Stunde.«

Schon wieder klingelt Charnells Cell Phone. »Möchten Sie nicht mal rangehen? Es stört mich nicht, ich gehe solange auf die Veranda …«

»Nein, ich habe keine Lust zu telefonieren. Es tut gut, alles mal zu erzählen. Ich denke, ich werde Detroit verlassen.«

»Wohin? Mit den Kindern?«

»Natürlich mit den Kindern. Erst muss ein Job her. Ich schaue längst nicht mehr nur in Detroit. Ich orientiere mich in den Süden, nach Alabama, Tennessee und nach Texas, da läuft es viel besser. Jemand wie ich hat von Detroit nichts mehr zu erwarten.«

Charnell ist eindeutig die *kreativste* Person, die ich bislang in Detroit getroffen habe. Zwei Tage nach meinem Besuch ruft sie mich an. Als ich ihre Nummer auf dem Display sehe, erschrecke ich. Hoffentlich ist nichts Schlimmes passiert. Sie ist ganz aufgeregt und klingt wie ein junges Mädchen: »Ich habe einen Job!«

»Wow, Glückwunsch! Was ist es?«

»Call Center. Erst mal befristet. Das Geld, na ja, geht so. Ich soll schon bald anfangen, ausgerechnet in der Woche, in der meine Tochter ihr Baby erwartet, aber es wird schon irgendwie gehen. Ist das nicht toll? Und nun stellen Sie sich vor: Die hatten sich bei mir gemeldet, während wir beide uns gerade unterhielten! Es hat geklingelt, drei-, viermal, wissen Sie noch? Ich wollte Ihnen das nur erzählen, weil es ja irgendwie auch zur Geschichte gehört. Vielleicht wird doch noch alles gut.«

»Wir sind autonom. Und wir werden mehr.«

Wenn das Wort »knackfrisch« irgendeinen Sinn hat, dann bei diesem Spinat: Die hellgrünen Blätter sind groß wie Farnwedel, pink leuchten der Strunk und die Adern. Ehrlich gesagt, habe ich solchen Spinat noch nie gesehen. Ich kenne nur den dunkelgrünen, schmaleren. Und natürlich die Tiefkühlbriketts, die man zu einer rülpsenden Popeye-Tunke auftauen kann.

Wir heben den Spinat Lage für Lage aus seiner Erntekiste und tunken ihn behutsam in einen Zinkbottich voll kühlen Leitungswassers. »Wir«, das sind Jessica, eine Frau, die in dieser schwarzen Nachbarschaft an der East Side, nahe der Meldrum wohnt, außerdem eine Krankenschwester und ein Pfleger aus einem Midtown-Krankenhaus (beide weiß) und ich. Den Spinat, der ganz frisch vom Feld kommt, lassen wir ein paar Minuten einweichen, bis das Wasser schlammig wird. Dann nehmen wir die Blätter heraus und tunken sie in einen zweiten Bottich mit frischem Wasser. Dort bleiben sie weitere zwei, drei Minuten liegen. Schließlich greifen wir den Spinat und ziehen ihn durch das glasklare Wasser eines dritten Bottichs. Erst wenn diese drei Schritte erledigt und die Blätter abgetropft sind, legen wir sie, Schicht auf Schicht, in eine graue Plastikwanne, die die Aufschrift »Food Bank« trägt. Es ist Mittwochvormittag, und Jessica, die Krankenhausleute und ich sind als *volunteers* im Einsatz, als Ehrenamtliche. Wir helfen, die frisch eingebrachte Ernte einer der größten Urban Farms von Detroit verzehrfertig zu machen. Earthworks heißt das Projekt.

Über Urban Farming wird dieser Tage weltweit viel berichtet. Manchmal spricht man auch von Guerilla Gardening. In Kreuzberg eröffneten 2010 die Prinzessinengärten, in Shanghai und Singapur soll es vergleichbare Anlagen geben, in New York wächst der Kopfsalat auf Hausdächern, und auf Kuba ist Landwirtschaft im städtischen Raum sowieso gang und gäbe. Mit wild gepflanzten Usambara-Veilchen – »Unser Dorf soll schöner werden« – hat das Urban Farming wenig bis nichts zu tun, jedenfalls nicht in Detroit, und auch nicht in Havanna, wie man hört. Es geht schlicht darum, ein paar Lebensmittel, die nicht über kurz oder lang krebserregend sind oder eine Diabetes hervorrufen, zu produzieren und in Umlauf zu bringen. Es ist nicht so, dass die Menschen in Detroit auf offener Straße verhungern. Aber das, was sie gegen ihre Lebensmittelmarken eintauschen können, ist oft Müll. Die miese Ernährung liegt nicht (nur) an mangelhafter Bildung oder, in Einzelfällen, an Verwahrlosung, sondern hauptsächlich daran, dass man an gesundes Essen nur sehr schwer herankommt. »Wir kämpfen für *food sovereignty* (Ernährungssouveränität)«, sagt Shane Bernardo, der das Earthworks-Projekt leitet. Irgendwann in den späten neunziger Jahren habe ein Mann einen der Kapuziner-Mönche in der Gemeinde gefragt: »Hey Bruder, von welcher Tankstelle holst du dir dein Essen?« Das sei der Auslöser für Earthworks gewesen. 1997 ist die erste von nunmehr sieben Farmen entstanden. Auch Gewächshäuser unterhält das Projekt und es unterstützt andere urbane Farmer mit Kursen, Setzlingen und Saatgut. Shane ist kein Mönch, sondern ein 38 Jahre alter Mann mit koreanischen Wurzeln und Musiker-Erfahrung in verschiedenen Bands. Mit vier Kollegen ist er fest bei Earthworks angestellt. Zehn Praktikanten gibt es. »Aber die meiste Arbeit leisten unsere *volunteers*. Sie helfen so viel, dass man zwanzig Vollzeitstellen, vierzig Stunden die Woche, damit füllen könnte.«

Die Selbstverständlichkeit, mit der so viele Amerikaner ein Ehrenamt ausüben, erst recht in Detroit, ist beeindruckend, jedenfalls für eine Mitteleuropäerin. Das *volunteer*-Wesen fußt auf einer Gesellschaftsauffassung, die amerikanische Sozialwissenschaftler wie Robert N. Bellah und Alasdair MacIntyre in den Neunzigern als Kommunitarismus bezeichnet haben:[41] Der Bürger ist demnach vorrangig ein Gemeinschaftswesen, erst in zweiter Linie ein Individuum. Die Kommunitarier wandten sich gegen die Dominanz des liberalen Prinzips, das etwa der Philosoph John Rawls ein paar Jahre zuvor neu beschrieben, quasi *ge-updated* hatte, und nach dem der Mensch vorrangig eine Einheit für sich sei, die mit der Gesellschaft einen Vertrag schließe, sozusagen eine geschäftliche Verbindung unterhalte, keine moralische oder gar liebevolle.[42]

»Sind die Kommunitarier politische Romantiker?«, fragten

Kommentatoren in den neunziger Jahren.[43] Rückblickend ist diese Frage sowohl mit »Ja« als auch mit »Nein« zu beantworten. Ja, sie waren Romantiker, denn was unmittelbar auf ihre Thesen folgte, waren zwei Jahrzehnte (neo)liberaler Kriegführung (inzwischen nennen wir es »Bankenkrise«). Nein, weil sich parallel dazu neue Formen von Vergemeinschaftung entwickelt haben, bescheiden, aber beständig. Manche Soziologen sprechen von Graswurzelbewegungen, andere von Facebook-Revolutionen, wieder andere verlegen sich auf das Modell Bürgerinitiative, besetzen friedlich Häuser oder übernachten auf einem Occupy-Zeltplatz. Je mehr die Instrumente einer institutionalisierten Gemeinschaft abgebaut werden – in Deutschland ist in diesem Zusammenhang von der »Privatisierung der Lebensrisiken« die Rede –, desto stärker müssen (oder sollen) Bürger selbst in die Bresche springen. (»Freiwilligenjahr« heißt es neuerdings in Deutschland.) Je liberaler sich Zeit und Umwelt also geben, desto kommunitaristischer muss der Alltag organisiert sein, damit das, was wir als Idee von Gemeinschaft kollektiv doch noch im Hinterkopf gespeichert haben, ansatzweise erhalten bleibt.

Schubkarre um Schubkarre wird das Gemüse zur Küche gebracht, wo es spätestens am nächsten Tag weiterverarbeitet wird. Es ist kurz nach zwölf, Lunch-Zeit. Shane und die anderen Helfer winken mich zu sich. Wir gehen in den großen Speisesaal, die öffentliche Suppenküche (*soup kitchen*). Hier vollzieht sich tagein, tagaus das, was auch in den Räumen der Heilsarmee oder der Tafeln geschieht: Menschen holen sich bei einer sogenannten Armenspeisung kostenlos Essen ab. Für Shane und die anderen Mitarbeiter ist es eine Selbstverständlichkeit, das Gleiche zu sich zu nehmen wie ihre Gäste. Der Saal, der die Größe einer Grundschulturnhalle hat und etwa vierzig Esstische à acht Stühle fasst, ist voll. Keine Ansprache gibt es, kein Tischgebet, keine Türkontrolle. Jeder kann kommen und gehen, wie er will.

Die Mahlzeit des heutigen Tages: eine Gemüsesuppe, ein Vollkornsandwich mit Käse und Schinken (auf Wunsch auch vegetarisch), ein Tütchen Senf, eine Portion Salat – und ein Plastikbecher mit einer knatschroten klaren Flüssigkeit. Wir setzen uns zu ein paar Helfern an den Tisch, ab und an kommt ein Gast vorbei, sagt »Hi« oder schlägt Shane zum Gruß auf die Schulter. »Schmeckt's?«, fragt er mich, und ich sage: »Ja, vor allem der Salat.« Das Getränk hingegen ist ein schlechter Witz. Es zieht einem das Zahnfleisch vom Kiefer, so süß ist es. Aber ich traue mich nicht, das zu sagen. Vielleicht enthält es spezielle Nährstoffe, die gut sind für Menschen mit Mangelerscheinungen. »Diabetes ist eine weitverbreitete Arme-Leute-Krankheit«, hat Shane vorhin gesagt. »Sie gehört zu Detroit wie die Schlaglöcher im Asphalt.«

Nach dem Essen darf ich draußen eine Zigarette rauchen. Shane sagt: »Ich rauche nicht, aber viele Gäste tun es, also darfst du es auch.« Am Standaschenbecher vor der Tür verteile ich erst mal Zigaretten an Tom, Bernard und Tyrone, dann komme ich ins Gespräch mit Jackson.

»Hallo, weiße Lady, hab dich hier noch nie gesehen.«

»Ich bin nur zu Besuch. Vorhin hab ich ein bisschen geholfen und nun gerade zu Mittag gegessen.«

»Ich auch. Jeden zweiten Tag komme ich her. Ich achte auf meine Ernährung. Ich bin 46, aber ich sehe aus wie ein junger Mann, oder?«

»Ja. Deine Brille gefällt mir. Sie ist sehr schick.«

»Wirklich?« Er lächelt schüchtern und schiebt das überdimensionierte Siebziger-Jahre-Gestell aus Fake-Gold auf seiner Nase zurecht. Er ist sehr groß, sehr dünn und spricht mit hoher, leiser Stimme. Jackson hat ein Problem. Er hat sogar mehrere, keinen Job, kein Geld, kein Auto, keine Krankenversicherung, aber eines setzt ihm besonders zu: »Ich weiß nicht, ob ich sie verlassen soll. Was meinst du?«

»Sie« ist Jacksons Freundin. Er wohnt mit ihr zusammen. »Besser gesagt: Ich wohne *bei ihr*.« Seit vier Jahren sind sie ein Paar. Aber es läuft nicht mehr gut. »Sie will immer nur fernsehen oder mit ihren Töchtern telefonieren. Außerdem schimpft sie die ganze Zeit. Dabei bin ich ein guter Mann. Ich kann alles reparieren, und ich kann kochen. Ich finde bloß: Man kann nicht nur Sex haben und fernsehen. Man muss sich auch unterhalten können.«

Ich stimme ihm zu einhundert Prozent zu.

»Mir geht immer viel durch den Kopf. Ich bin ein Mensch, der über Politik nachdenkt und über Gott. Aber sie ist genervt und knallt mit den Türen.«

»Das ist nicht gut.«

»Nein. Ich habe schon alle meine Freunde gefragt, was ich machen soll. Die einen sagen so, die anderen so. Am liebsten würde ich noch heute gehen. Mir eine andere Freundin suchen. Aber die Wohnung … Ich kann dort schlafen. Und außerdem ist es natürlich schön, Sex zu haben.«

»Ja, das sind Argumente. Hm. Sieh dich doch trotzdem nach einer neuen Bleibe um. Sobald du eine in Aussicht hast, versuchst du noch mal, mit ihr zu reden. Und wenn es dann immer noch nicht funktioniert …, gehst du.«

Er tritt einen Schritt zurück und nickt.

»Genau das ist es, was ich meine. Dass man mit einer Frau reden kann. So wie mit dir jetzt. Bist du verheiratet?«

»Nein, das nicht.«

»Schade, dass Deutschland so weit weg ist.« Sein Goldzahn blitzt. Ich lächle auch.

Als wir ausgeraucht haben, entschuldigt er sich: »Ich muss zurück zum Bike-Workshop. Wir machen die Räder der Leute wieder klar. Also, bis dann.«

»Mobilität ist der Schlüssel«, sagt Shane. Wir sitzen auf einem Mäuerchen vor dem Gewächshaus und haben den gesamten Hof im Blick. Etwa zehn Männer schrauben hinten links an Rädern herum, zwei Kinder umkreisen sie auf Mountainbikes. »Die Räder machen uns unabhängig. Viele unserer Gäste sind Mechaniker. Unser Prinzip besteht darin, unsere Fähigkeiten und Kenntnisse zu teilen. Kooperation statt Konkurrenz.«

Neben den Earthworks-Anlagen sind Hunderte weitere Urban Farms in Detroit entstanden, teils von anderen Organisationen initiiert, teils von Einzelpersonen in ihren Stadtteilen errichtet. Zusammengenommen produzieren die freien Farmen jährlich etwa 170 Tonnen Lebensmittel mit einem Marktwert von einer halben Million Dollar, haben Schätzungen ergeben.[44] »The Greening of Detroit«, »Detroit Food Policy Council« oder »The Agricultural

Network« heißen die übergeordneten Initiativen und Netzwerke, die teils auch kommunal unterstützt werden. Rund 100 000 Setzlinge jährlich gibt allein Earthworks kostenlos an Nachwuchsfarmer aus. »Da die Böden mit Industrierückständen kontaminiert sein können, haben wir eine Technik für eingezäunte, aufgeschüttete Beetkisten entwickelt, die wir den Menschen erklären. Rund 1600 freie Gärtner holen sich bei uns Hilfe.« Wichtigster Umschlagplatz für die lokale *food economy* ist der Eastern Market, ein überdachtes Marktgelände aus dem 19. Jahrhundert. Es ist der einzige nennenswerte Frischwarenmarkt in Detroit und gleichzeitig der größte seiner Art in den USA. 2006 übergab die Stadt das Gelände in die Hände der Eastern Market Corporation, seither floriert das historische Areal wieder. Um die 40 000 Besucher, zum Teil sogar von außerhalb, zählt der Markt an Samstagen, wenn auch Musiker dort spielen. Zur Public-Private-Partnership ist in diesem Fall anzumerken: Die Eastern Market Corporation ist kein Konzern, sondern eine selbst verwaltete Non-Profit-Organisation.

»Es geht uns bei Earthworks um mehr als um Nahrungsproduktion. Es geht um Autonomie und *racial justice*. Es ist eine Gesellschaft für sich, die hier aus dem System fliegt, einem System, das so gut wie nichts für sie übrig hat – außer billigen Waren, die in monopolistischen Strukturen vertrieben werden. Aus diesen Kreisläufen wollen wir heraus. Deshalb sagen wir ganz klar: Wir lehnen die Rolle des ›Konsumenten‹ jetzt ab.«

»In Deutschland kursiert der Begriff ›Parallelgesellschaft‹. Er brandmarkt Migranten als Sonderspezies, die angeblich außerhalb des ›bürgerlichen Wertesystems‹ lebt …«

»Schön. Wir haben hier in den USA auch eine ›Parallelgesellschaft‹. Sie ist verdammt reich, schöpft über alle möglichen Kanäle ab und macht ihre Sachen unter sich aus. Wenn du so willst: Ja – wir entwickeln hier nun ganz bewusst unsere eigene ›Parallelgesellschaft‹.«

»Dafür, dass Earthworks unter katholischer Leitung steht, klingst du ganz schön politisch. Wütend auch. Wird es neue Riots in Detroit geben?«

»Niemand kann das voraussagen. Ich hoffe nicht. Solche Gewaltausbrüche würden wieder nur die Schwachen treffen. Aber es gibt einen großen Widerstand, und er wächst Tag um Tag. Du siehst ihn hier vor dir: Wir züchten unser eigenes Essen, entwerfen unser eigenes Bildungssystem, bauen unsere eigenen Transportmittel. Niemand würde *uns* je zur *kreativen Klasse* zählen. Earthworks hat keinen Sponsor. Und wir legen auch keinen Wert darauf. Wie werden um nichts betteln. Wir sind autonom. Und wir werden mehr. *Das* ist unsere Revolution.«

*

Veronika Scott ist 22 Jahre jung und schon jetzt eine über die Grenzen Detroits hinaus bekannte Unternehmerin. The Empowerment Plan (Der Ermächtigungsplan) heißt ihre Firma, die, so kann man es wohl am besten beschreiben, Outdoor-Bekleidung für Extremsituationen herstellt. Ich treffe Veronika, eine moderne weiße junge Frau mit iPad und allem Pipapo bei Avalon International Breads, einem der Lieblingscafés der *Kreativen* von Detroit. Vorläufig operiert Veronikas Unternehmen im Non-Profit-Modus und wird vom Bekleidungshersteller Carhartt gesponsert. Carhartt ist eine Work-Wear-Firma, die 1889 im Detroiter Vorort Dearborn gegründet wurde und in den USA bekannt ist für strapazierfähige Allwetterjacken, robuste Hosen und schweres Schuhwerk. In Europa wird Carhartt indes als »Mode-Label« wahrgenommen, weshalb die Firma hier mittlerweile auch ganz andere Kollektionen anbietet. Spätestens seit das Musik- und Technikmagazin *de:Bug*, eine der publizistischen Speerspitzen der deutschen *creative class*, die Marke zum »coolsten Mode-Label« kürte, gibt es in Deutschland kaum einen Musikredakteur unter 75, der nicht ein Stück der Bauarbeiter-Couture im Schrank hat.

Veronika ist erstaunt: »Carhartt ist bei euch drüben ein *Fashion*-Ding? Aha.« Ihr Empowerment Plan stellt Mäntel her. Wintermäntel. Aus Steppmaterial. Das Besondere: Mit wenigen Handgriffen lassen sie sich zum Schlafsack ummodeln. Die Zielgruppe: Obdachlose. »Nicht nur in Detroit. Nach dem Tsunami in Japan kamen sofort Anfragen. 20 000 Stück hätten wir liefern können –

wenn wir in der Lage gewesen wären, so schnell so viele herzustellen. Genau das ist das Ziel: Hilfsorganisationen mit den Mänteln zu bestücken, für die Empfänger kostenlos.«

Auf ihrem iPad zeigt sie Skizzen und erste Werbefotos. Der Mantel sieht gut aus, als Model posiert ein schwarzer Mann vor einem verlassenen Wohnhaus. Derzeit ist Veronika dabei, einen Online-Handel aufzubauen: »In der Produktion kostet ein Mantel 45 Dollar. Ich will ihn für 200 bis 300 Dollar anbieten. Der Käufer finanziert automatisch einen Spenden-Mantel mit – und darf selbst auswählen, wohin der Paten-Mantel gehen soll.«

Von Materialtests über den Schnitt bis zur Fertigungsweise: Alles hat Veronika selbst entworfen, während ihres Design-Studiums (das noch mindestens zwei Semester dauert). Sechs Mitarbeiterinnen beschäftigt sie. Alle hat sie in Sozialstationen und Suppenküchen angesprochen. Produziert wird im Stadtteil Corktown, der derzeit zu den gefragtesten städtischen Wohngegenden zählt. »Ja, ich bin eine dieser *jungen Kreativen*. Ich habe jetzt einen Namen und könnte sofort nach New York gehen. Aber ich will etwas für meine Gegend tun. Die Näherinnen, die für mich arbeiten: Sie waren jahrelang arbeitslos. Aber sie haben alle Fähigkeiten drauf. Unser Sponsor stellt die Nähmaschinen, finanziert die Räume und Löhne. Das Leben hat sich für meine Mitarbeiterinnen um 180 Grad gedreht. Sie haben jetzt einen richtigen Job, mit dem sie nicht nur Geld verdienen, sondern mit dem sie auch wieder eine Wohnung gefunden haben. Wir bilden sie fort, sie qualifizieren sich bei uns zu Facharbeiterinnen. Wir zahlen mehr als den Mindestlohn, gut neun Dollar die Stunde.[45] Und jeder Mantel trägt ein Etikett mit dem Namen seiner Näherin.«

Klugheit, Schnelligkeit und Selbstbewusstsein sitzen mir gegenüber – die volle Dosis *Talent*. »Ich kann gar nicht glauben, dass du erst 22 bist …«

»Oh, das höre ich öfter.« Sie lacht bescheiden in Richtung ihrer Füße.

»Eines Tages soll der Empowerment Plan aus eigener Kraft laufen. Auf keinen Fall will ich ein *sketch monkey* werden.«

»Was ist ein ›sketch monkey‹?«

»Na ja, ein Skizzen-Affe. Das ist unter Design-Studenten ein Schimpfwort. Es beschreibt diejenigen, die jahrelang Geschirrspüler oder Lampenknöpfe zeichnen, in immer neuen Varianten – obwohl die vorhandene Auswahl an Geschirrspülern und Lampenknöpfen ja durchaus reicht. Sie erwarten von uns an der Uni, dass wir auf *flashy things* stehen. Ich verstehe den Beruf der Designerin aber anders. Ich will lieber etwas Neues erfinden, etwas, das *wirklich* das Leben der Menschen verbessert. Aber ich bin ich nur Teil einer größeren Bewegung, einer gewissen Stimmung in der Stadt. Viele, egal ob jung oder alt, schwarz oder weiß, sagen jetzt: ›Wenn du für diese Stadt nichts tun kannst, wenn du nichts beiträgst, dann sieh zu, dass du wegkommst.‹ Meine Familie stammt aus der City, untere bis mittlere Mittelklasse.«

»Wenn du die ›Klassen‹ schon erwähnst: Wie findest du es, dass die Tourismusagentur der Stadt und manche Investoren mit Leuten wie dir werben, mit der *creative class*?«

»Ach, ich kenne diese Debatten. Manche sehen das sehr kritisch. Auch wegen des Carhartt-Gelds bin ich schon blöd angesprochen worden. Aber es macht mich ja nicht reich, es hilft meinen Mitarbeiterinnen. Ich würde sagen: Es gibt da einen Generationsunterschied. Vor allem diejenigen, die damals die Riots miterlebt haben, sind skeptisch. Aber wir Zwanzig- bis Dreißigjährigen, die jetzt hier etwas veranstalten, schauen anders auf die Stadt. ›Was ist *jetzt* hier? Was können wir damit machen?‹ Wir formen es zu etwas, das uns gefällt, und sehen hier vor allem Freiheit. Ich würde es als eine Art Wildwest-Kreativität beschreiben. Ich selbst zum Beispiel: Wo sonst wäre eine 22-Jährige in der Lage, sich ein eigenes Haus zu kaufen, ein Uni-Projekt nach dem anderen zu gründen und auch noch ein Business aufzuziehen, das man sogar in Tokio kennt? Man respektiert und unterstützt junge Leute hier. In New York hätte ich in meinem Alter niemals so viel Einfluss. Und mit ›Einfluss‹ meine ich, dass ich ganz konkret meine Umwelt mitgestalten kann – als Arbeitgeberin, die Produkte für diejenigen herstellt, denen es nicht gutgeht.«

»Style and Solidarity!«, rufe ich, weil es mir gerade so einfällt, und recke meine linke Faust in die Luft. Wir müssen beide lachen.

»In meinem Fall stimmt das vermutlich. Ganz geheuer ist mir das Gerede vom *hot place* Detroit nicht. Aber die Stadt braucht die Organic-Coffee-Kundschaft. Es muss Leute geben, die dieses Bio-Brot hier oder meine Mäntel auch kaufen. Man muss da eine Balance finden. Günstiger Wohnraum muss da sein. Man kann den Ort nicht einfach mit neuen Leuten ›auffüllen‹.«

Ich mache ein Foto von Veronika und ihrem iPad. »Zur Erinnerung.« Sie fragt mich, wie es mir in Detroit gefalle. »Sehr. Beeindruckende Menschen habe ich getroffen, egal, in welchem Milieu. Das können nicht nur Glückstreffer gewesen sein. Es ist anders als meine Welt zu Hause. In Deutschland machen Leute wie du und ich, Leute mit *Talent*, gern Witze über alles, was nach ›sozialem Engagement‹ riechen könnte. ›Trostlose Gutbürgerin‹, würden manche zu jemandem wie dir vielleicht sagen.[46] Dabei laufen bei uns ähnliche Prozesse wie bei euch. Und die Macht und die Möglichkeiten, die die *kreative* Kohorte potenziell hat, sind auch bei uns groß. Aber es herrscht eine giftige Statusangst, ein gewaltiges Sinnvakuum, ein wahnsinnig selbstreferenzielles Klima.«

»Was meinst du mit ›selbstreferenziell‹?«

»Niemand ist *kreativer* darin, sich untereinander abzugrenzen, als die *kreative* Klasse in unseren Großstädten. ›Macchiato-Mütter‹, ›Hippie-Schwaben‹, ›Dreadlock-Träger‹, schimpfen sie sich untereinander, in ihren innerstädtischen Mikro-Suburbias. Neuerdings schreiben sie Bücher über ihre Psychotherapien und schwierigen Eltern-Kind-Erfahrungen. Ach, vielleicht bin ich ungerecht. Aber sie wirken so jämmerlich und so *alt* im Vergleich zu den Leuten, die ich hier kennengelernt habe. Und damit meine ich *alle* Leute, die ich hier traf.«

»*Douchebags* gibt's hier auch.«

»Was ist ein ›douchebag‹?«[47]

»Ein Idiot«, sagt Veronika.

Und dann: »Kauf dir doch ein Haus und zieh her! Gute Leute können wir hier prima gebrauchen.«

✳

An meinem letzten Detroit-Tag meldet sich das merkwürdige Gefühl Angst noch einmal zurück. Wobei »Angst« vielleicht eine Nummer zu groß ist. »Angespannter Respekt« trifft es besser. Ich stehe vor einem zweistöckigen Steinhaus am East Grand Boulevard, dem Hauptquartier der Underground Resistance. Nicht sehr viele Menschen haben diesen Ort je von innen gesehen. Aaron Segal begleitet mich. Ohne ihn hätte ich nie eine Chance gehabt, hierherzugelangen. Er hat ein gutes Wort für mich eingelegt (ich glaube, es waren sogar mehrere Worte, über Tage).

Aaron ist weiß, 28, betreibt ein kleines Label und den Musik-Vertrieb FIT Detroit. Techno ist sein Genre. Er arbeitet mit den Leuten der Underground Resistance zusammen, zählt zum weiteren Zirkel. »Entspann dich, alles gut. Aber die Kamera solltest du in der Tasche lassen«, sagt er, nachdem er geklingelt hat.

Die Underground Resistance (kurz UR) ist ein Musikerkollektiv, das bei Fans der elektronischen Musik weltweit einen nahezu sagenhaften Ruhm genießt. »Sagenhaft« ist dieser Ruhm, weil die Gründer Jeff Mills und Mike Banks als Urväter des Techno gelten und es kaum Fotos von ihnen gibt. Die Unsichtbarkeit ist Prinzip. »Sagenhaft« aber auch, weil sich sehr viel mehr hinter dem Konzept der UR verbirgt als *nur* Musik. Es ist quasi ein politisches Programm, und selbiges kommt durchaus aggressiv daher. »The baddest group of sonic electronic warriors in the world«, lautet die Selbstbeschreibung auf der UR-Homepage: »Die böseste Gruppe elektronischer Schall-Krieger weltweit«. Kenner (wie Aaron) wissen, dass die Veröffentlichungen der UR mit politischen Botschaften gespickt sind. Sie verstecken sich in Zeichnungen auf den Covern und in Samples. Es soll sogar, in Anspielung auf einen berühmten Rock'n'Roll-Mythos, Tracks geben, deren Botschaft sich erst erschließt, wenn man sie rückwärts abspielt. Die Titel lassen keinen Zweifel an der Stoßrichtung: »The Fury«, »The Riot« oder »Ambush« – »Die Wut«, »Der Aufstand«, »Hinterhalt«.

Vor allem zu Beginn, in den frühen neunziger Jahren, sind die UR-Aktivisten mit Gasmasken und Camouflage-Hosen aufgetreten. Statt von »Auftritten« ist von »Assaults« die Rede, von »Stürmungen« oder »Angriffen«. UR-Gründungsmitglied Mike Banks hat sich in seinen wenigen Interviews auf die Hip-Hop-Formation Public Enemy berufen, die Ende der achtziger Jahre die Rap-Kultur stark politisiert hat. Bei aller symbolischen Aggressivität hat die Underground Resistance sich von Gewalt stets distanziert. Angeblich gingen Sympathiebekundungen von der irischen IRA und von libyschen Terroristen ein. Mit solchen Gruppierungen habe man nichts zu tun, stellte die UR immer wieder klar. Ihr unbewaffneter Kampf richte sich gegen Rassismus, Ungleichheit, Unfreiheit – gegen das, was die UR »Programming« nennt.

Eine kleine Kamera ist über der Tür installiert, schließlich öffnet ein schwarzer Mann in lässigem Anzug, ganz im Privatclub-Modus: Er begrüßt Aaron und lässt einen Scanner-Blick über mich fliegen. »Mike weiß Bescheid«, sagt Aaron. »Ist er da?« Der Mann nickt, er werde es Mike sagen, wir sollen solange warten.

»Schau, das ist ein richtiges kleines Techno-Museum«, sagt Aaron. Im Flur hängen Glasvitrinen mit Devotionalien, Ausrisse aus Fanzines, ein Porträt von Ho Chi Minh, ein Autonummernschild mit der Aufschrift »Detroit Techno« – und zahlreiche Bilder, die den legendären Berliner Underground-Techno-Club Tresor zeigen: Mike Banks neben Tresor-Gründer Dimitri Hegemann. Der Flur ist nach links weit offen, es schließt sich ein Lounge-artiges Wohnzimmer an, mit breitem Sofa an der Stirnseite, einer Art Kamin und weiteren gerahmten Flyern, Plakaten und anderen Erinnerungsstücken an den Wänden. Eine Goldene Schallplatte ist nicht darunter. Die strikte Meidung all dessen, was mit Major Labels und »kommerzialisierter Mainstream-Kultur« zu tun hat, ist ein Pfeiler der UR-Strategie.

Aaron und ich setzen uns aufs Sofa. Von irgendwo hinten aus dem Haus hören wir Gelächter, Männerstimmen. Nach einer halben Stunde öffnet sich endlich eine Tür, und Mike Banks kommt, mit einer Kaffeetasse in der Hand, auf Aaron und mich zu. Jeans, Dreitagebart, hellblaue Baseballjacke und die dazu gehörige Kappe verkehrt herum auf dem Kopf, mit dem Schild nach hinten, was ihm etwas sehr Jugendliches verleiht. Er muss aber mindestens Ende vierzig sein (sein genaues Alter verrät er nicht). Die lebende Legende sagt »Hi«, und nichts »Elektrisches« liegt dabei in der Luft;

ich würde es eher als dunkelviolette Gewitterwolken aus Starkstrom beschreiben. Die Atmosphäre ist »tight«. Kurz wirft Banks einen Blick auf mich, ohne den Ansatz eines Lächelns, dann spricht er erst einmal mit Aaron, einige sehr satte Minuten lang, über halbgeschäftliches Zeug, dem ich nicht folgen kann. Sehr klar wird die Hierarchie markiert: Mike Banks spricht, Aaron Segal hört zu – die blasse Frau kann froh sein, dass sie überhaupt hier sein darf.

Als er sich irgendwann doch mir zuwendet, sind seine Augen zu blitzenden Schlitzen geschrumpft. »Du willst also ein Buch über Detroit schreiben? Wie lange bist du hier?«

»Fast vier Wochen.«

»Vier Wochen. Glaubst du, dass du in dieser Zeit irgendetwas verstanden hast von Detroit? Glaubst du, dass das reicht, um etwas darüber zu schreiben?«

»Es ist sehr kurz, ich weiß.«

Aaron springt mir zur Seite. »Vier Wochen sind ganz schön lang, andere Journalisten sind drei Tage hier. Sie ist auch nicht wegen der Musik gekommen, stimmt's?« Aaron wirft mir einen aufmunternden Blick zu. »Ehrlich gesagt, kenne ich mich mit Techno nicht aus«, sage ich.

»Gut«, sagt Mike Banks. »Ich habe nämlich überhaupt keine Lust, über die Musik zu reden. Die Leute sollen sie einfach hören. Sag mir: Wieso sollte ich aber überhaupt mit dir reden? Du befragst die Leute, schießt deine Fotos, und dann schreibst du in Deutschland dein Buch. Das ist schön für dich. Aber was hat Detroit davon? Was gibst du zurück?«

Aaron möchte wieder vermittelnd eingreifen, aber ich unterbreche ihn, ergreife selber das Wort und versuche, Banks so fest in die Augen zu sehen, wie ich kann. Ich berichte, mit wem ich schon gesprochen habe, und weil Banks öfters in Berlin war, erzähle ich ihm auch, was die Investoren so von sich geben. Geduldig hört er zu. »Das ist interessant, was du über diese *Kreativ*-Sache erzählst. Aaron, was hältst du davon?«

Aaron sagt: »Sie könnte Recht haben mit ihrer Perspektive, man könnte mal drüber nachdenken. Neulich haben sie einer Künstlerin zehntausend Dollar gegeben, weil sie ein paar Eimer Farbe an einem Lagerhaus herunterlaufen ließ. Ich finde, man sollte lieber ein paar gebrauchte Autos kaufen und sie den Leuten in den *neighborhoods* zur Verfügung stellen, Carsharing und …«

Banks wieder zu mir: »Okay. Du hast mir deine Ideen erzählt, du hast mir etwas gegeben. Also werde ich auch mit dir reden. Und du wirst zusehen, dass dein Buch nach Detroit kommt. Du wirst alles, was du mitgenommen hast, an Detroit zurückgeben, klar?«

»Klar.«

»Do not allow yourself to be programmed«, heißt ein bekanntes UR-Stück. Wie ein Mantra wiederholt Mike Banks' Stimme diese Zeile immer wieder in dem Track. »Mit ›Programming‹ meinen wir das System, das sich in die Gehirne der Menschen reinfrisst«, erklärt er. Medien, Schulen, Werbung, Politikersprache: »Sie programmieren uns so, dass wir funktionieren wie Maschinen. Die Menschen sollen konsumieren und die Klappe halten.« Banks ist kein Intellektueller, sondern Plattenproduzent, so viel wird schnell klar. Ob er das *Systemische* am *System* bitte etwas konkretisieren, ob er Beispiele geben könne? »Warst du schon mal in einem Liquor Store?«, fragt er.

»Fast täglich«, antworte ich.

»Ist dir das ganze Backpulver aufgefallen? Man braucht es für die Zubereitung von Crack. Ist es nicht interessant, dass das Backpulver auf diese Art verkauft wird: auf meterlangen Regalen, in allen Varianten – obwohl es sonst gar keine Zutaten zum Backen in den Liquor Stores gibt, keine frischen Eier, nur in Ausnahmefällen Mehl? Ist es nicht aufschlussreich, dass, obwohl das Rauchen überall verboten ist, genau wie Alkohol in der Öffentlichkeit, und obwohl jeder weiß, wofür das Backpulver verwendet wird, dass niemand sagt: ›Stopp! Räumt das Zeug weg!‹?«

»Vielleicht kann man es nicht verbieten. Wenn es kein illegaler Stoff ist …?«

Banks schüttelt den Kopf. » Erst gab es überall Heroin. Dann war es plötzlich weg, und Marihuana war im Umlauf. Du konntest es an jeder Straßenecke kaufen, es hatte viele Freunde. Aber plötzlich ist das Kokain da, und in Massen. Haben die Leute etwa keine Lust mehr auf Marihuana? Wo kommt das Koks her? Wer bringt es ins Land, wer sorgt dafür, dass es unter die Leute kommt? Unter die *entsprechenden* Leute …?«

»Na ja, Dealer machen ein Geschäft daraus …«

»Richtig. Und hier in Detroit sind es, wie in so vielen Großstädten, meist schwarze Jungs. Warum? Weil es oft die einzige Möglichkeit ist, Geld zu verdienen. Die Jungs fliegen aber nicht nach Kolumbien und besorgen das Zeug. Sie bekommen es über Kanäle, die es über andere Kanäle haben … Jemand scheint ein *Interesse* daran zu haben, verstehst du? Jemand scheint viel daran zu liegen, dass die *communities* durch Crack geschwächt werden, dass die Leute irre werden und sich gegenseitig fertigmachen. Denk mal drüber nach: Es erspart dem *System* eine Menge Arbeit.«

Es ist eine Verschwörungstheorie, die Banks mir schildert. Ein natürlicher Abwehrimpuls schießt durch mein Gehirn. Dann fällt mir ein: Eine »billige« Verschwörungstheorie ist es nicht gerade. Von John Kerry, dem demokratischen Gegenkandidaten zu George W. Bush im Wahlkampf 2004, ist der Satz überliefert: »Unser Land machte sich zum Komplizen im Drogenhandel, während wir gleichzeitig Unsummen dafür ausgeben, die Probleme, die dadurch verursacht werden, in den Griff zu bekommen; es ist unglaublich.« Jener Satz fiel 1986, im Zuge der Iran-Contra-Affäre. Es war der größte Polit-Skandal unter der Regierung des Republikaners Ronald Reagan, der größte seit der Watergate-Affäre: Die US-Regierung hatte in großem Stil Waffen an den Iran und an die rechtsgerichteten Guerillatruppen der Contras in Nicaragua verkauft. Bei den Anhörungen im US-Kongress kam ans Licht, dass die Contras mit Kokain bezahlten und dass der amerikanische Geheimdienst CIA den Drogen-Import duldete und deckte.

Zehn Jahre nachdem die US-Öffentlichkeit sich von diesem Schock erholt hatte (eigentlich sprach niemand mehr darüber), goss der Journalist Gary Webb 1996 noch einmal Öl ins Feuer: »Dark Alliance« hieß eine Artikelserie, die er erst in der Regionalzeitung *San Jose Mercury News* veröffentlichte, kurz darauf als Buch. Eingehende Recherchen hatten ihn zu der Erkenntnis gebracht, dass der staatlich subventionierte Kokain-Import ungebrochen weiterlief und dass große Mengen des Stoffs gezielt in die sogenannten

Ghettos von Los Angeles verfrachtet wurden. Zu seinen Behauptungen hatte er eine umfangreiche Dokumentation angelegt. Ein paar Jahre zuvor war Webb noch mit dem Pulitzer-Preis ausgezeichnet worden, der höchsten Ehrung, die ein US-Journalist erhalten kann.[48] Nun, nach seinen Drogen-Enthüllungen, verlor er seinen Job als Redakteur. Keine der großen Zeitungen wollte seine Texte mehr drucken. Ein paar Jahre später fand man ihn tot auf, von zwei Kopfschüssen niedergestreckt, im Alter von 49 Jahren. Die Polizei deklarierte es als Selbstmord – obwohl es zwei Schüsse waren. Ein Abschiedsbrief ist nie aufgetaucht. Stattdessen hatte Webb bis kurz vor seinem Tod an einem Dokumentarfilm über die Drogen und die CIA gearbeitet und an einem Sachbuch mitgewirkt, das den Titel *Zensor USA. Wie die amerikanische Presse zum Schweigen gebracht wird* trägt.[49]

Es ist spät, bald halb zwölf, morgen muss ich meinen Koffer packen, Banks hat sich müde geredet, und mein Kopf schwirrt von all der Menschen-Maschinen-Programmierung, dem Crack und den dunklen Machenschaften. Wäre Detroit ein Mensch, würde ich es jetzt gern in den Arm nehmen und streicheln. Aaron sitzt in der Küche und verfolgt mit vier anderen Männern (alle sehr muskulös, zwei schwarz, zwei weiß) ein Baseballspiel im Fernsehen. Als Banks und ich dazukommen, schnaufen plötzlich zwei Pitbulls um die Ecke und stupsen neugierig und sehr fest an meine Unterschenkel. Es ist genau die Sorte, die ich ein paarmal am Straßenrand gesehen habe. Von Nahem wirken sie noch massiver. Ein Pitbull-Blick – eiskalt und sanft verhangen zugleich – kann einen fertigmachen. Blicke von zwei aufmerksamen Pitbulls auf einmal sind *condition red.*[50]

Aaron springt von seinem Stuhl auf und sagt: »Ich bring die Hunde mal raus, okay Mike?« Die Männer am Küchentisch kichern. Banks herrscht sie an: »Was lacht ihr so bescheuert? Hat euch jemand gefragt?« Sofort verstummen die Männer und blicken schnell wieder auf den Fernsehapparat. Banks bietet mir ein Stück Pizza an, aus dem riesigen Karton, der offen auf dem Küchentisch liegt, vor den *knallharten Typen*, die jetzt da sitzen wie abgestrafte Schulbuben. Dankend lehne ich ab. (Ich habe wirklich keinen

Hunger.) Dann nimmt er eine Zwei-Liter-Pet-Flasche vom Küchenboard. Sie enthält eine pinkfarbene, klare Flüssigkeit. Das Etikett kann ich nicht lesen. Banks schenkt sich ein Glas davon ein und hält mir auch eins hin. »Dann zum Abschied wenigstens einen Drink.« Wir prosten uns in der Luft zu, ich nehme einen Schluck und verziehe wohl versehentlich mein Gesicht. Mein Flirt mit dem abgerissenen, zuckerkranken Jackson fällt mir ein, das charmante Gezwinker des freundlichen Nerd-Brillen-Trägers, der sich mehr von der Liebe und dem Leben wünscht als Fernsehen und Sex und der sich in einer Arme-Leute-Suppenküche ernährt, um *schlank zu bleiben*, wie er sagt. »Schmeckt es dir nicht?«, fragt, etwas bestürzt, der Chef der Underground Resistance. »Es ist Diabetiker-Limo. Ich trinke nichts anderes.«

Salat, Gemüsesuppe, ein Sandwich – und ein Glas Diabetiker-Limo: typisches Mittagessen in der Earthworks-Suppenküche für Arme.

Nachwort:
»Solidarity is the new sexy.«

Kaum bin ich zurückgekehrt aus Detroit, kocht in Berlin der Gentrifizierungsstreit neu hoch: Neben dem Musikclub Icon muss nun auch der Club der Republik schließen, eine Ur-Institution des (sub)kulturellen Treibens am Prenzlauer Berg. Zugezogenen neu-neuen Bürgern und dem neuen Besitzer des Gebäudes ist der Club zu laut, zu schäbig, zu unschön. Dabei werben Immobilienfirmen noch immer gut gelaunt für das herrlich bunte Viertel: »Mittendrin im Leben, nebenan der Suhrkamp Verlag, gegenüber das Ballhaus Ost, Modedesigner, Fotografen und die hipsten Bars, Restaurants und Clubs. Mehr Berlin geht nicht.«[51] Die Betreiber des Clubs der Republik konterten per Transparent: »Erst wenn die letzte Eigentumswohnung gebaut, der letzte Klub abgerissen, der letzte Freiraum zerstört ist, werdet ihr feststellen, dass der Prenzlauer Berg die Kleinstadt geworden ist, aus der ihr geflohen seid.«

Unterdessen zünden Unbekannte immer mal wieder Kinderwagen im Viertel an und krakeln ihren »Schwabenhass« an pastellfarben restaurierte Fassaden, während die Songschreiberin Christiane Rösinger (Lassie Singers, Britta) über die wachsende Zahl von Touristen in Kreuzberg schimpft: »Man kann nicht vor die Tür gehen, ohne unfreiwillig die lauten dummen Gespräche der englischsprachigen Kurzzeitberliner anzuhören, die sich über ›artspaces‹ austauschen und darüber, wie ›awesome und actually very cool‹ hier alles ist.«[52]

Schaukämpfe unter Besserwissereien füllen die Feuilletons. Was der *Kreativstandort* Berlin bislang vor allem produziert, ist die penible Selbstzerfleischung der dort ansässigen oder »spontan mal wieder vorbeischauenden« *new middle class*. Für sozial durchlässige Bebauungspläne, die Gründung eigener Genossenschaften oder andere konkrete (lokal)*politische* Eingriffsmöglichkeiten interessiert sich nur eine Minderheit. Etliche Großstädter in meinem Bekanntenkreis, nicht nur die aus der Hauptstadt, sagen: »Wir sind für Chancengleichheit. Aber unser Kind soll nicht als einziges *normales* Kind in einer Unterschichtklasse sitzen.« Ein forciertes Distinktionsinteresse ist das Gift, das aus den oberen Stockwerken der Brachialwirtschaft mehr und mehr in die Wohnetagen darunter sickert.

Während die soziale Segregation auf diese Art auch hierzulande voranschreitet, melden US-Medien: Detroit ist mit einem Haushaltsdefizit von 196 Millionen Dollar jetzt fast so pleite wie Griechenland. Bürgermeister Bing kündigte zu Heiligabend 2011 an, weitere eintausend städtische Jobs zu streichen und das Gehalt der verbliebenen Mitarbeiter um zehn Prozent zu kürzen. Ab sofort soll ein Budget-Crisis-Manager aus der Privatwirtschaft eingreifen. Knapper formuliert: Ein Unternehmensberater soll dem »Shithole« helfen. Ohne politische Legitimation wird er als Generalentscheider alle finanziellen Schritte überwachen, die die Stadtverwaltung künftig tut.

Dies- und jenseits des Atlantiks ist klar: Die *kreative Klasse* ist längst im *operation mode*. Mit ihren Geistesressourcen und ihrer (potenziellen) Kaufkraft bildet sie die gesellschaftliche Schlüsselmacht der Zukunft. Bislang verfügt sie vor allem über einen *weichen* Reichtum: ihre Bildung – und oft auch über einen Schatz an eigenen prekären Übergangserfahrungen. Diese Ressourcen sollte sie nutzen, um dafür zu sorgen, dass die Systeme, die ihr selbst ein Starkwerden in relativer Unbeschwertheit erlaubt haben, erhalten bleiben – dass sie im Idealfall durch bessere ersetzt werden – und dass sie auch möglichst vielen anderen zur Verfügung stehen. Was Berlin von Detroit lernen kann: Es ist höchste Zeit für die Freundschaft mit *den anderen.*

Das Problem ist: Man darf mit weiten Teilen der *kreativen Klasse* auf keinen Fall so reden. Sofort braten sie einem die »Gutmenschen«-Keule über. Zur Umerziehung der *douchebags* müsste man sich der Programming-Methode der Underground Resistance bedienen. Dem wohlerzogenen Zaubernachwuchs der *Kreativen* müsste man 24 Stunden am Tag frühkindliche Hypnose-CDs vorspielen, die geheime Botschaften enthalten: »Solidarity is the new sexy. Yeah.«

Ironie à la Detroit: vorübergehend geschlossenes Café im neuen Kreativ-Viertel Corktown.

Dank

Mein Dank gilt den Bürgern von Detroit, vor allem denjenigen, die mir ihre Geschichten, ihren Ärger und ihre Hoffnungen anvertraut haben. Ob zitiert oder nicht, tatsächlich ziehen sich die Gedanken all dieser Leute durch die Seiten: Mike Banks, Linda Bain, Shane Bernardo, Robin Boyle, Lou Casinelli, Paul Daniel Curtis, Tyree Guyton, Stacey »Hotwaxx« Hale, Brad Hales, Chris Mihailovich, Veronika Scott, Aaron Segal, Tony Sky, Charnell Stephens, Robert Taubman, Sarah Treger Strasberg, Jenenne Whitfield, Heather X., Albert Young.

Für praktische Hinweise und freundliche Unterstützung vor und während der Reise danke ich Tania Boster, Jörg Brenner, Jon Dixon, Sebastiano Ferrante, Ashley Hennen, Deanna Majchrzak, Renee Monforton, Nicole LaPointe, Marjorie Sorge, Jeremiah Staes und Thomas Williams.

Ein besonderer Dank geht an Loren D. Estleman, Schriftsteller und Erfinder der Romanfigur Amos Walker, eines Privatdetektivs, der seit den siebziger Jahren in Detroit ermittelt. Danke, Loren, für die Amos-Walker-Folge *Lady Detroit*, die ich mit 17 gelesen habe. Es war meine erste Begegnung mit Detroit, noch vor meiner ersten Motown-Platte. Und danke auch für das schöne, fleischhaltige Schriftsteller-Gespräch bei Weber's!

Und schließlich danke ich John Carlisle, dem ich leider nie begegnet bin. Als »Detroitblogger John« (www.detroitblog.org) porträtiert er die Menschen seiner Stadt. Seinen Blog habe ich während der Vorrecherche entdeckt, und er hat ganz eindeutig die Lust befördert, Detroit kennenzulernen. Wer mehr über die Menschen dort erfahren will, sollte Johns kürzlich erschienenes Buch lesen: *313. Life in the Motor City* (History Press, Charleston/South Carolina).

Thank you, Motor City!

Katja Kullmann, Hamburg im Januar 2012

1 »America's most miserable cities« heißt der Städtevergleich, den *Forbes* zuletzt im Februar 2011 vorgenommen hat. Nach dem Platzen der Immobilienblase und der damit einhergehenden Hypothekenkrise (Subprime Mortage Crisis) haben kalifornische Städte in der Negativliste stark aufgeholt. Die Amherst Securities Group schätzt, dass US-weit zehn Millionen weitere Hausbesitzer ihr (noch nicht abbezahltes) Eigentum verlieren werden. Im Detroiter Stadtgebiet hat es bislang mindestens 20 000 Haushalte getroffen. Düsseldorf gelangte – wie in den Vorjahren – erneut auf Rang 6 der Liste »World's 20 best places to live«, welche die Unternehmensberatung Mercer zuletzt 2009 ermittelt und *Forbes* zur Verfügung gestellt hat.

2 Geprägt hat den Dritte-Welt-Vergleich der Sachbuchautor Ze'ev Chafets in seinem Buch *Devil's Night. And Other True Tales of Detroit* (1991).

3 In einem Interview mit dem lokalen Wirtschaftsmagazin *Crain's Detroit Business* (Herbst 2011).

4 2003 nahm der Regierende Bürgermeister von Berlin, Klaus Wowereit (SPD), den Slogan erstmals in den Mund. Im Berliner Wahlkampf 2011 erweiterte er den Spruch zu der Formel: »Reicher werden, sexy bleiben.«

5 Richard Florida, *The Rise of the Creative Class. And How it's Transforming Work, Leisure, Community and Everyday Life* (2002); ders., *Who's Your City? How the Creative Economy is Making Where to Live the Most Important Decision of Your Life* (2009).

6 Geprägt hat den Begriff der Soziologe Ulrich Beck in seinem Buch *Schöne neue Arbeitswelt – Vision: Weltbürgergesellschaft* (1999).

7 Den Begriff »ruin porn« hat erstmals der Detroiter Fotograf und Journalist James D. Griffioen in einem Gespräch mit dem Online-Magazin *Vice* verwendet (Thomas Morton, »Something, something, something, Detroit. Lazy journalists love Pictures of abandoned stuff« [2009]).

8 Der Ratschlag findet sich etwa auf dem Portal www.virtualtourist.com. »Hoody« ist die amerikanische Kurzbezeichnung für ein Kapuzen-Sweatshirt und leitet sich von dem Wort »hood« für Kapuze ab.

9 Diese Berechnungen basieren auf einem Vergleich des amerikanischen Consumer Price Index (CPI) aus verschiedenen Jahrzehnten.

10 Bis 2020 wird sich an den Arbeitslosenzahlen nichts ändern, heißt es in einer Zukunftsstudie der US-Bürgermeister-Konferenz; vgl. dazu den Artikel »Detroit job loss unlikely to recover until 2020« im *Michigan Messenger* (Juni 2011).

11 In Europa zuletzt sehr beliebt: Der Fotoband *The Ruins of Detroit* von den französischen Fotografen Yves Marchand und Romain Meffre, im Herbst 2010 im Steidl Verlag (Göttingen) erschienen, zum Ladenpreis von 88 Euro.

12 Der Architekturprofessor Dan Pitera von der University of Detroit Mercy veröffentlichte diese Schätzung im Dezember 2008 in dem Artikel »Detroit: Land of opportunity« in der *Detroit Free Press*.

13 In dem Gespräch »Detroit looks like the landscape of another planet«, das im April 2009 auf den Seiten des Online-Magazins *Huffington Post* erschien.

14 Mayer Hawthorne, *A Long Time* (Universal 2011).

15 Vgl. Reynolds Farley, Howard Schuman et. al., »Chocolate city, vanilla sub-

urbs. Will the trend toward racially separate communities continue?«, in: *Social Science Research* Band 7/Nr. 4 1978, S. 319-344. *Chocolate City* hieß auch ein Album der amerikanischen Funk-Band Parliament aus dem Jahr 1975; außerdem tragen ein US- und ein nigerianisches Platten-Label diesen Namen; und schließlich wurde eine Rede, die der Bürgermeister von New Orleans/Louisiana, Ray Nagin, 2006 ein halbes Jahr nach den Verwüstungen des Hurrikanes Katrina hielt, von amerikanischen Medien als »Chocolate City Speech« bezeichnet.

16 Zitat des Detroiter Rechtsanwalts Paul Daniel Curtis, aus einem Gespräch mit der Autorin. Curtis arbeitet hauptsächlich als Pflichtverteidiger schwarzer Angeklagter und ist, nach eigener Aussage, »einer der ganz wenigen schwarzen Skyscraper-Besitzer in Detroit«. Er hat das historische Wurlitzer Building (1926) downtown gekauft und plant, eines Tages ein mehrstöckiges Museum zur Detroiter Musikgeschichte darin einzurichten.

17 David Usborne, »Can Motor City restart its engines?«, in: *The Independent* (November 2011).

18 Als »Nicht-Orte« bezeichnet der französische Anthropologe Marc Augé in seinem gleichnamigen Buch aus dem Jahr 1994 Flughäfen, Bahnhöfe, Einkaufszentren und andere Plätze, die vor allem dem Transit dienen.

19 Vgl. dazu zum Beispiel »Mapping the strait. Exploring Detroit through maps and diagrams« auf der Website www.mapdetroit.blogspot.com (Stand Januar 2012).

20 *Futurama* heißt auch eine amerikanische Science-Fiction-Zeichentrickserie von Simpsons-Erfinder Matt Groening, die erstmals 1999 in den USA ausgestrahlt wurde und im New York des 31. Jahrhunderts spielt.

21 Das Schild bezieht sich auf den nahe gelegenen Autotunnel nach Kanada.

22 In Anlehnung an die nahe gelegene Cass Avenue.

23 Die Brandstiftungen fanden ihren vorläufigen Höhepunkt im Jahr 1994, als über 800 Häuser binnen einer Nacht in Flammen aufgingen. Der damalige Detroiter Bürgermeister, Dennis Archer, verhängte daraufhin eine Ausgangssperre für Jugendliche in der Nacht vom 31. Oktober auf den 1. November und rief zur »Angel's Night« auf: Über 10000 Anwohner patrouillieren seither in besagter Nacht in einschlägigen Blocks. Nach einer relativen Beruhigung steigt die Zahl der Brände seit 2010 wieder an.

24 Vgl. dazu etwa Walter Wasacz, »Master activator: Tony Goldman envisions Detroit as ›capital of the experimental‹« (Mai 2011), online verfügbar unter {http://www.modeldmedia.com/features/goldmanfeat511.aspx} (Stand Januar 2012).

25 Ebd.

26 Ebd.

27 John Gallagher, *Reimagining Detroit. Opportunities for Redefining an American City* (2010).

28 Name geändert.

29 A. a. O.

30 Reynolds Farley/Mick Couper/Maria Krysan, *Race and Revitalization in the Rust Belt. A Motor City Story. A report of Findings of the University of Michigan's Detroit Area Study* (2004/2006).

31 N. N., »Detroit is the new Detroit – and real estate developers talk about why that's good«, in: *Crain's Detroit Business* (November 2011).

32 Ebd.

33 Anmerkung der Autorin: Über zwei Monate liefen die Bemühungen, wenn schon nicht mit Dan Gilbert, so doch mit einem Konzernsprecher ein Interview zu führen. E-Mails gingen hin und her, es gab etliche Telefonate. Schließlich musste die Autorin einen kompletten Lebenslauf vorlegen, als ob sie sich für einen Job bewerben würde. Dennoch wurde das persönliche Gespräch von QuickenLoans dann kurzfristig abgesagt, und am Ende hat auch niemand mehr auf das zum Ausgleich ausgehandelte schriftliche Interview via E-Mail reagiert. Den Vorzimmerdamen Sara und Paula sei an dieser Stelle für ihre Bemühungen gedankt.

34 Vgl. dazu beispielsweise die Website {www.rechtaufstadt.net} (Stand Januar 2012).

35 Henri Lefebvre, *Die Revolution der Städte* (1972/2003).

36 Richard Florida schlägt in diesem Zusammenhang den Begriff »no collar« vor.

37 In der amerikanischen Social-Network-Sprache gebräuchliche Abkürzung für den Ausruf »Oh my God!«.

38 Die zweite von drei Stufen in der McDonald's-Hierarchie: Ein(e) Swing-Manager(in) überwacht die Arbeitsabläufe und Hygienestandards, sozusagen als rechte Hand der jeweiligen Filialleitung.

39 Das Atheneum ist ein Luxushotel in Casino-Nähe im Downtown-Karree Greek Town. Das Hotel beherbergt laut dem *Guinness Buch der Rekorde* den größten Indoor-Wasserfall der Welt; die Suiten sind nach griechischen Philosophen und Göttern benannt, »Plato«, »Aphrodite« usw.

40 Coney Islands sind traditionelle Detroiter Hot Dogs, meist mit Chili-Sauce serviert.

41 Robert N. Bellah, Richard Madsen et al., *The Good Society* (1991); Alasdair MacIntyre, *After Virtue. A Study in Moral Theory* (1981); deutsch: *Der Verlust der Tugend. Zur moralischen Krise der Gegenwart* (1995).

42 John Rawls, *A Theory of Justice* (1971); deutsch: *Eine Theorie der Gerechtigkeit* (1979).

43 So etwa Walter Reese-Schäfer in seiner Einführung *Was ist Kommunitarismus?* (1995).

44 Ashley Atkinson, »Fostering citizens greening«, Vortrag, gehalten auf der Konferenz Building Leadership to Restore Communities (Louisville/Kentucky 2009).

45 Seit 2009 liegt der nationale US-Mindestlohn bei 7,25 Dollar (5,60 Euro), wobei manche Bundesstaaten nach oben abweichen; in Michigan wurde er auf 7,40 festgelegt, im Staat Washington auf 9,04 Dollar.

46 Diese Bezeichnung verwendete Moritz von Uslar im Januar 2012 im Magazin *Cicero* in einem Artikel über den Rapper Bushido, Peter Maffay und allerlei »rosafarbene Aktionsgruppen«.

47 Das *Urban Dictionary* (www.urbandictionary.com) erklärt den Begriff so: »Someone who has surpassed the levels of jerk and asshole, however not yet reached fucker or motherfucker.«

48 Webb erhielt die Auszeichnung für seine Berichterstattung über das schwere Erdbeben in San Francisco im Jahre 1989.

49 Kristina Borjesson (Hg.), *Zensor USA. Wie die amerikanische Presse zum Schweigen gebracht wird* (2004).

50 Deutsch: »Alarmstufe Rot«. Der Name einer Protest- und Solidaraktion mehrerer internationaler DJs, die sich gegen den Musikkonzern Sony/BMG richtete: Das Megalabel hatte den 1999 erstmals veröffentlichten Underground-Track »Jaguar« von DJ Rolando aka The Aztec Mystic herausgebracht – gegen den ausdrücklichen Willen des Musikers und der mit ihm assoziierten Underground Resistance.

51 Jakob Buhne, »Das Ende der Republik«, in: *Berliner Zeitung* (11. Januar 2012).

52 Christiane Rösinger, »Transzendentale Obdachlosigkeit«, in: *Jungle World* (30. Juni 2011).

Mark Greif
Rappen lernen

Aus dem Englischen von
Kevin Vennemann
59 Seiten
€ 4,99 [D]/ € 5,20 [A]
ISBN 978-3-518-06219-7
Auch als eBook erhältlich

1989 beging Mark Greif einen großen Fehler: Er entschied sich für Indie-Rock – und gegen Hip-Hop. Als er 20 Jahre später versucht, selbst Rappen zu lernen, um dieses Versäumnis wiedergutzumachen, stößt er auf schier unüberwindbare Hindernisse: die anspruchsvolle Atemtechnik, das Wort »Nigger«, die Affinität zu Materialismus und Gewalt. In *Rappen lernen* setzt Greif nicht nur dem Hip-Hop ein Denkmal, sondern er entwirft zugleich eine Kulturgeschichte von Schwarz und Weiß und erzählt davon, was es bedeutet, in neoliberalen Zeiten erwachsen zu werden.

»Mark Greif ist der klügste, originellste und lustigste amerikanische Essayist der Gegenwart. Wer wissen will, in was für einer Zeit wir leben, sollte dieses Buch lesen.«
Jens-Christian Rabe, Süddeutsche Zeitung

edition suhrkamp digital